Secondo te è possibile finirlo questo ospedale? Do you think we'll be able to finish this hospital?

Si, è possibile.
Ne abbiamo fatte di tutti i colori,
ne avete fatte di tutti i colori,
continueremo a farne di tutti i colori.
L'ospedale dobbiamo finirlo.

Yes, we will.
We've put heart and soul into it,
you've put heart and soul into it,
and we'll keep on putting heart and soul into it.
We've just got to finish the hospital.

Renzo

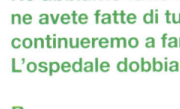

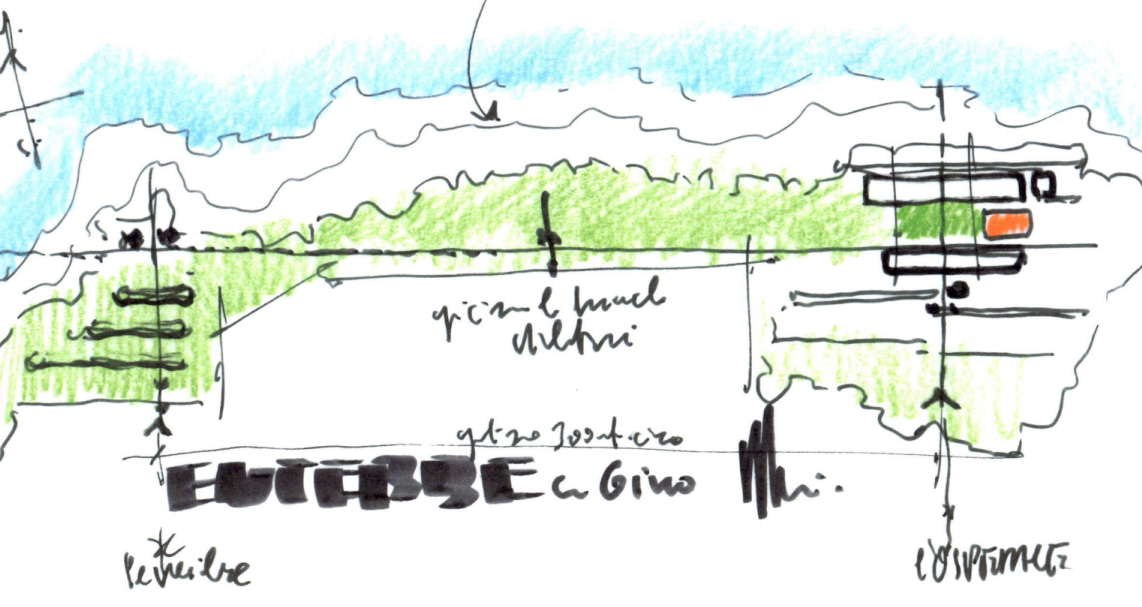

Un ospedale scandalosamente bello

Quando telefonai a Renzo Piano per proporgli di disegnare il nuovo ospedale di Emergency in Uganda, non ci fu bisogno di ripeterglielo. Ci vedemmo per la prima volta di persona nel suo studio, a Genova, dove, cominciando a parlare di quell'ospedale, nacquero subito un'amicizia e una sintonia professionale, ormai consolidate.

Lo abbiamo subito definito "un ospedale scandalosamente bello", nel senso che lo scandalo nasce in contrapposizione a una tendenza in voga anche nel mondo degli aiuti umanitari: se devo fare una sedia per casa mia, la faccio perfettamente in squadra con quattro gambe e una bella seduta. Invece, se devo farla per l'Africa, basta che ci si possa stare appoggiati. Il modo migliore per praticare l'eguaglianza – e per praticarla in Africa – è dimostrare a quelle persone che le consideriamo uguali a noi davvero, non solo per la convenienza politica del momento. Dobbiamo portare loro qualcosa che non osano nemmeno sognare, ma che è esattamente quello che vorremmo per noi. A noi piacerebbe che tutti i nostri edifici, ospedali compresi, fossero belli, allora perché dobbiamo riempire di brutto un altro Paese?

È nostro dovere condividere i migliori risultati che abbiamo raggiunto in tutti i campi, dall'architettura alla medicina, per dare un segnale fortissimo: vogliamo dare a tutti la possibilità di accedere a quelli che sono diritti universali, perché la parola 'universale' non può escludere nessuno. Emergency sviluppa questo principio da ormai 25 anni. Il nuovo ospedale in Uganda, così scandalosamente bello, ha proprio l'intenzione di affermare che non siamo andati là a piantare quattro tende e distribuire farmaci, ma a portare il meglio della chirurgia pediatrica con tutto quello che è necessario in termini di struttura, equipaggiamenti, tecnologia e conoscenza. Questo è il modo nel quale si dovrebbe aiutare "a casa loro", ovvero condividendo i diritti, soprattutto nel campo della medicina e della cura, perché essere curati, stare bene, è la condizione preliminare di ogni attività umana.

Gettare le basi per la costruzione di speranza e uguaglianza è un gesto di pace doveroso. Non c'è nessun secondo fine, se non quello di alleviare le sofferenze di persone in difficoltà, come lo sono – nel caso dell'ospedale di Entebbe – i bambini affetti da malattie curabili solo attraverso la chirurgia.

Il nuovo Centro di eccellenza offre cure gratuite ed è aperto a tutti, come il nostro primo ospedale di eccellenza, il Centro Salam di cardiochirurgia di Khartoum, in Sudan. Al Salam abbiamo operato al cuore pazienti provenienti da 30 Paesi, non solo africani, e a Entebbe avverrà la stessa cosa: non esistono Paesi nemici, perché abbiamo sperimentato ovunque che vedere nel letto a fianco al proprio qualcuno che magari si trovava dall'altra parte, contro il quale si aveva persino combattuto, aiuta a ritrovare un senso di umanità comune. È qualcosa di importantissimo, che cambia la testa delle persone, la loro percezione e il modo di rapportarsi agli altri.

Gino Strada

A scandalously beautiful hospital

When I rang Renzo Piano to suggest that he design the new Emergency hospital in Uganda, I didn't have to ask twice. We met for the first time at his office in Genoa. There, as we talked about the hospital, our relationship developed into friendship and professional concord and these are now firmly established.

We immediately termed it "a scandalously beautiful hospital". The scandal contrasts with a trend in vogue even in humanitarian aid. If I have to make a chair for my house, I make it perfectly trim with four legs and a good seat. But if I have to make one for Africa, it's good enough if it doesn't collapse. The best way to practice equality - and to practice it in Africa - is to show those people that we really consider them equal to us, not just out of the political convenience of the moment. We need to bring them something they don't even dare dream of, but which is exactly what we would like for ourselves. We would like all our buildings, including hospitals, to be beautiful, so why do we have to fill another country with ugliness?

It's our duty to share the best we have achieved in every field, from architecture to medicine, to send a very strong signal: we want to give everyone the access universal rights, because the word 'universal' cannot exclude anyone. Emergency has been working on this principle for 27 years now. The new hospital in Uganda, so scandalously beautiful, is our way of saying that we did not go there to pitch four tents and distribute medicines, but to bring the best of pediatric surgery with everything needed in terms of structure, equipment, technology and knowledge. This is the way to help "in their home", by sharing rights, especially in the field of medicine and treatment, because care, healing, is a precondition for all human activity.

Laying the foundations for building hope and equality is a gesture of peace. There is no ulterior motive, other than to alleviate the sufferings of people in difficulty, such as - in the case of the Entebbe hospital - children suffering from diseases that can only be cured through surgery.

The new Center of Excellence offers free care and is open to all, as is our first hospital of excellence, the Salam Center of Cardiac Surgery in Khartoum, Sudan. At Salam we have operated on heart patients from 30 countries, not only Africans, and the same thing will happen in Entebbe. There are no enemy countries, because we have experienced everywhere that when you see someone bed next to yours who may have been on the other side, someone you fought against, helps regain a sense of common humanity. This is deeply important. It changes people's heads, their perception and the way they relate to others.

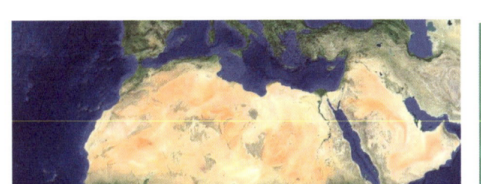

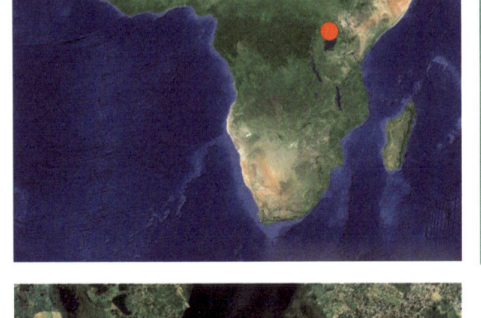

Il sito di 120.000 m^2 si trova sulle sponde del Lago Vittoria. Siamo a nord della città di Entebbe, nel distretto di Wakiso, 35 km a sudovest di Kampala, capitale dell'Uganda. La posizione strategica consente all'ospedale di essere un punto di riferimento regionale, facilmente raggiungibile da Congo, Ruanda, Kenya, Tanzania, Sud Sudan. L'Uganda è un paese membro dell'ANME (African Network of Medical Excellence), una rete sanitaria d'eccellenza destinata a soddisfare le esigenze ospedaliere del continente, coprendo una specializzazione alla volta, come fatto con la cardiochirurgia in Sudan (Centro Salam di Khartoum).

The site of 120,000 m^2 lies on the shores of Lake Victoria. This is north of the city of Entebbe, in the Wakiso district, 35 km southwest of Kampala, the capital of Uganda. Its strategic location makes the hospital a regional landmark, easily reached from Congo, Rwanda, Kenya, Tanzania and South Sudan. Uganda is a member country of the ANME (African Network of Medical Excellence), a health network of excellence designed to meet the continent's hospital needs by covering one specialization at a time, as with cardiac surgery in Sudan (Salam Centre of Khartoum).

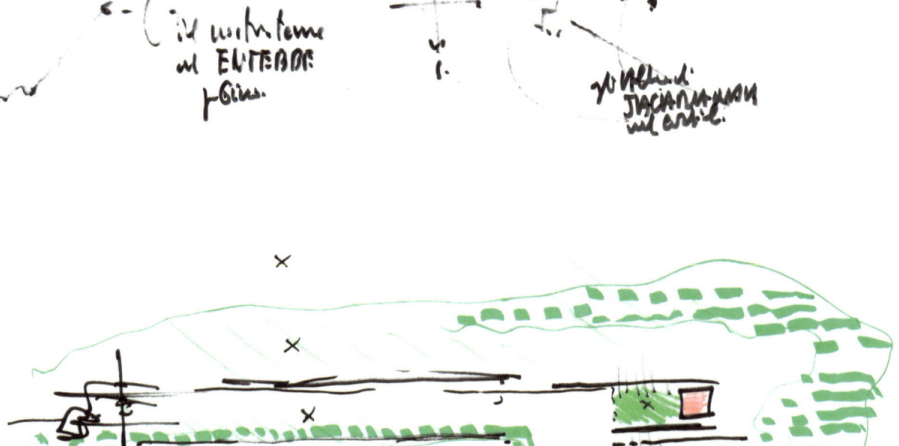

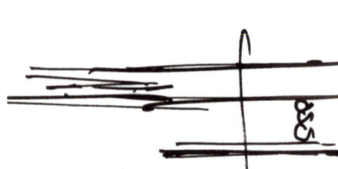

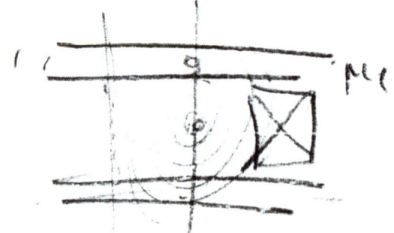

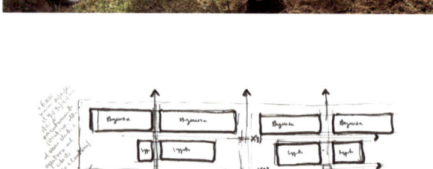

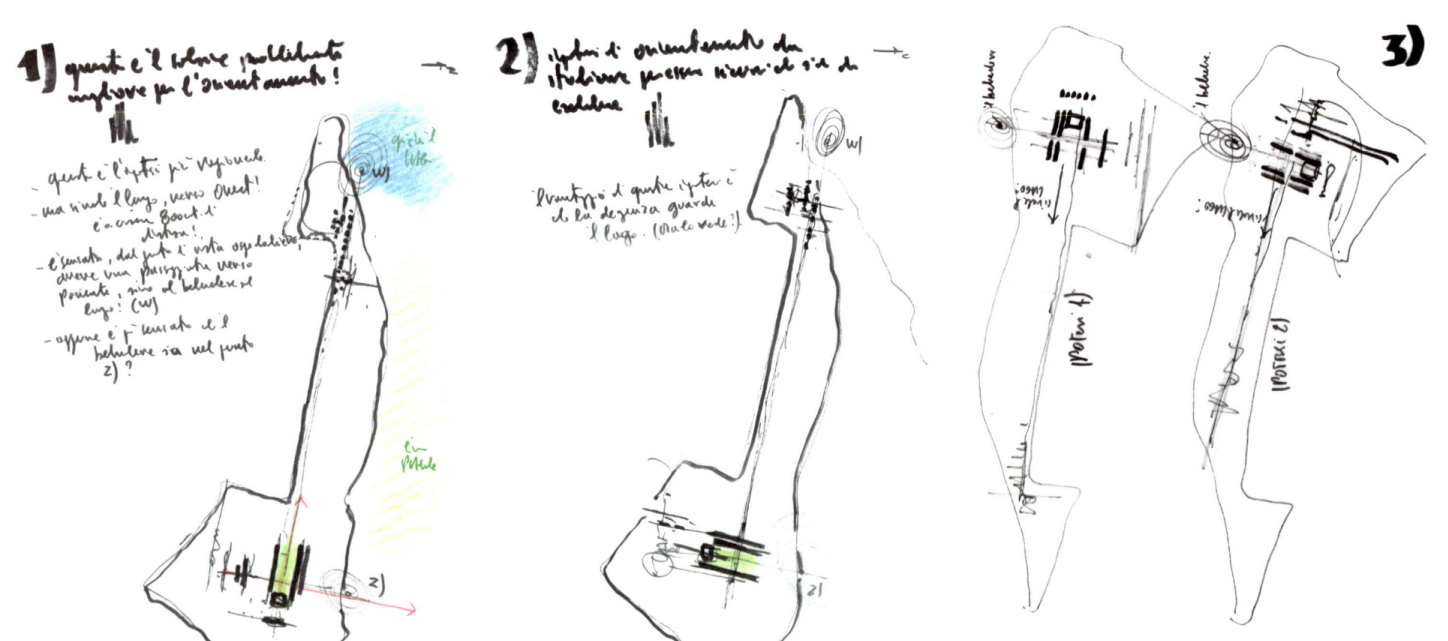

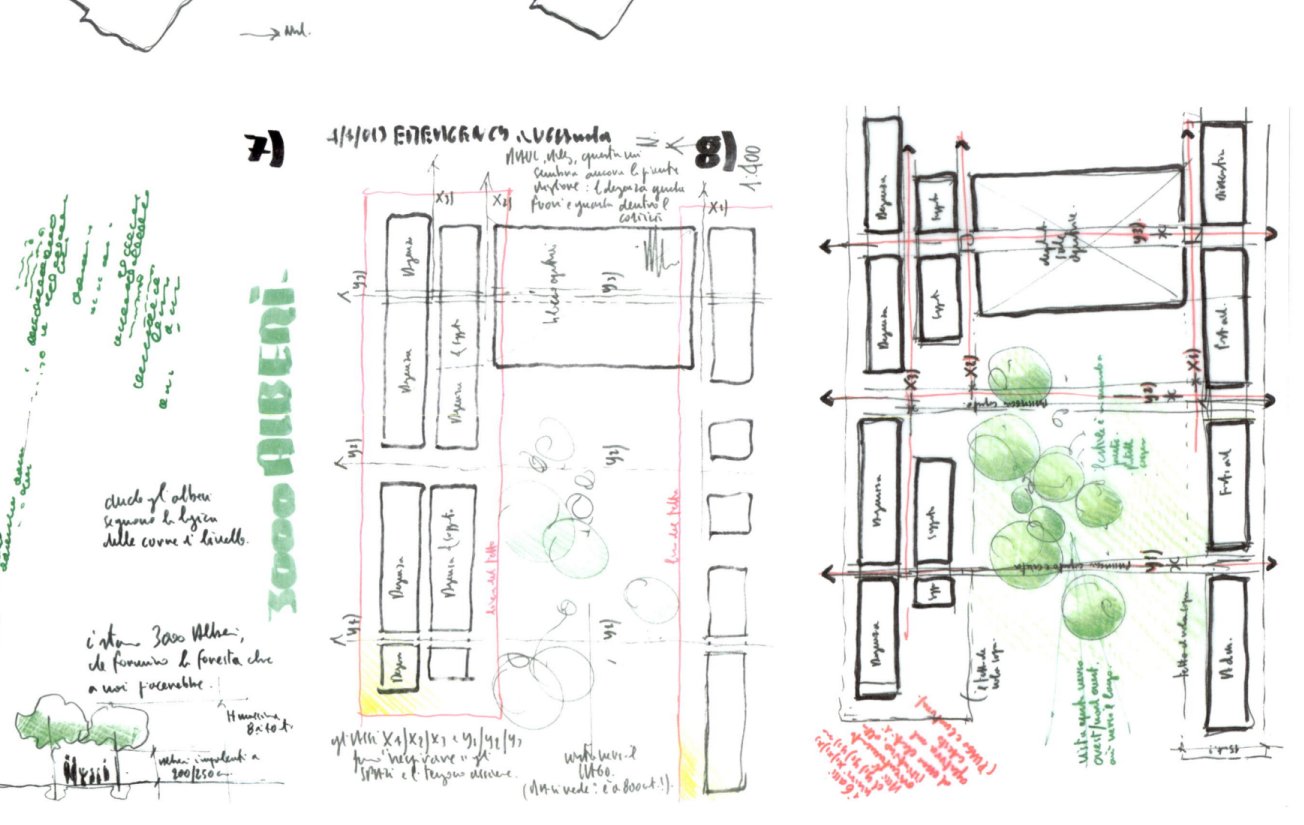

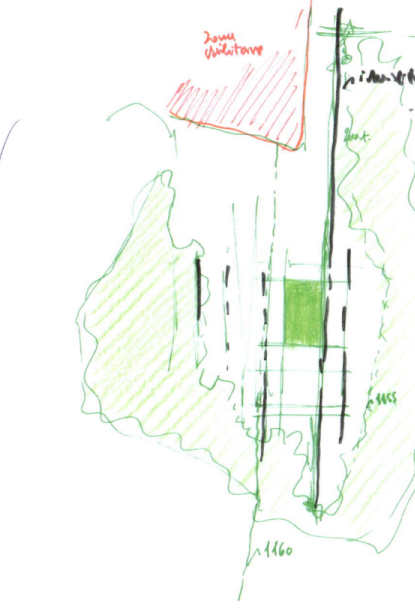

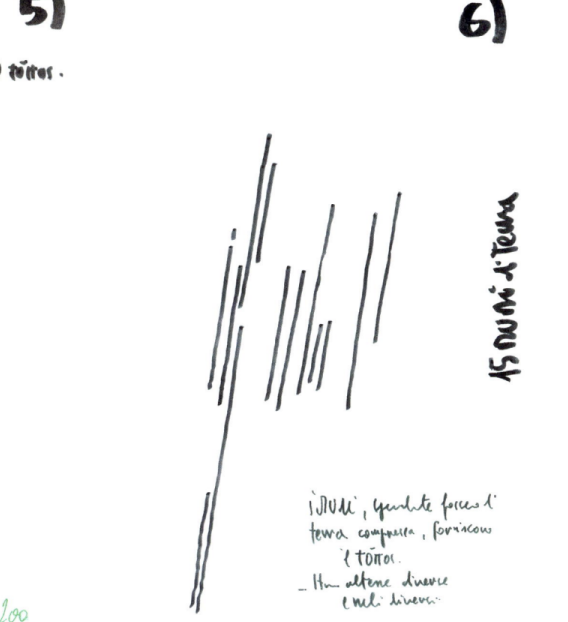

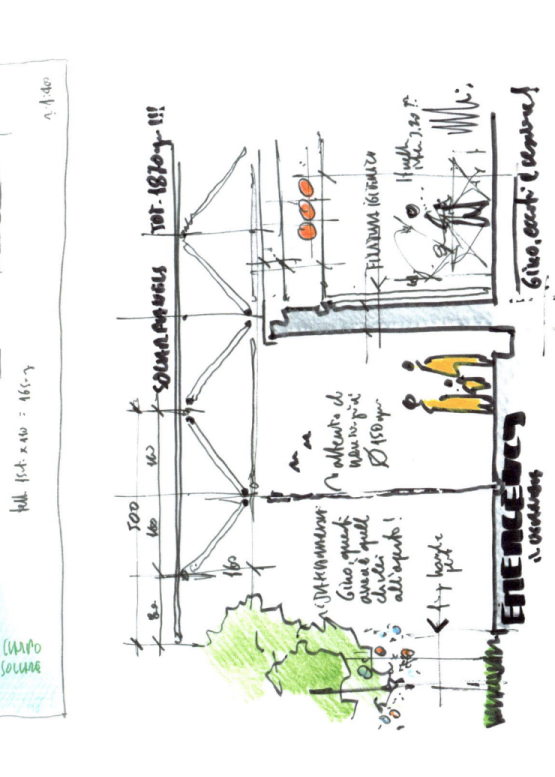

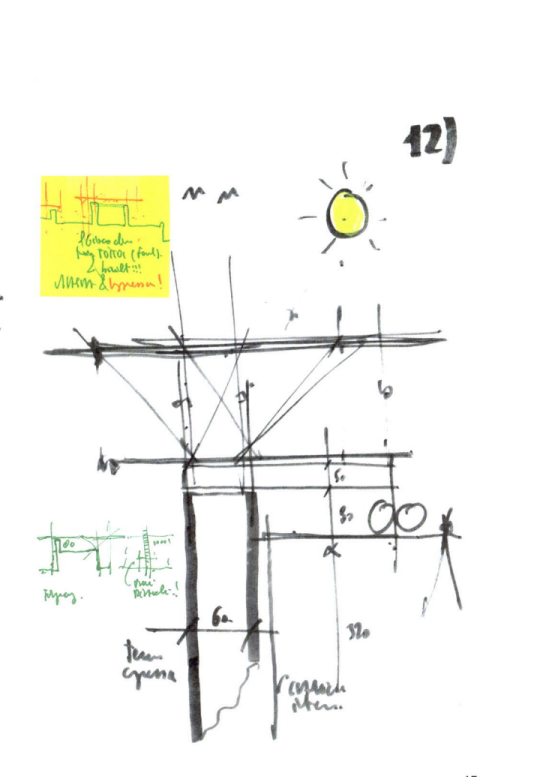

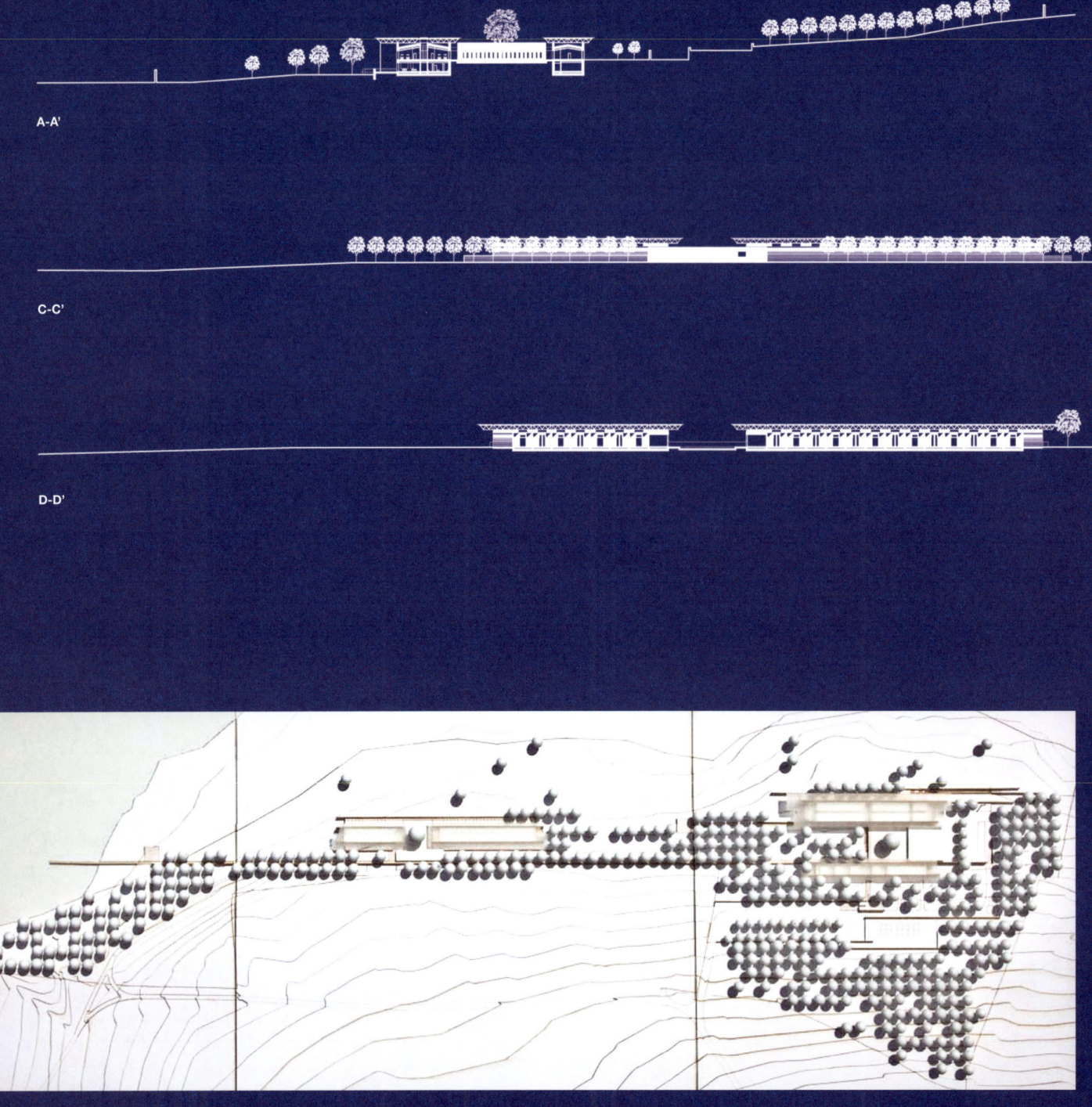

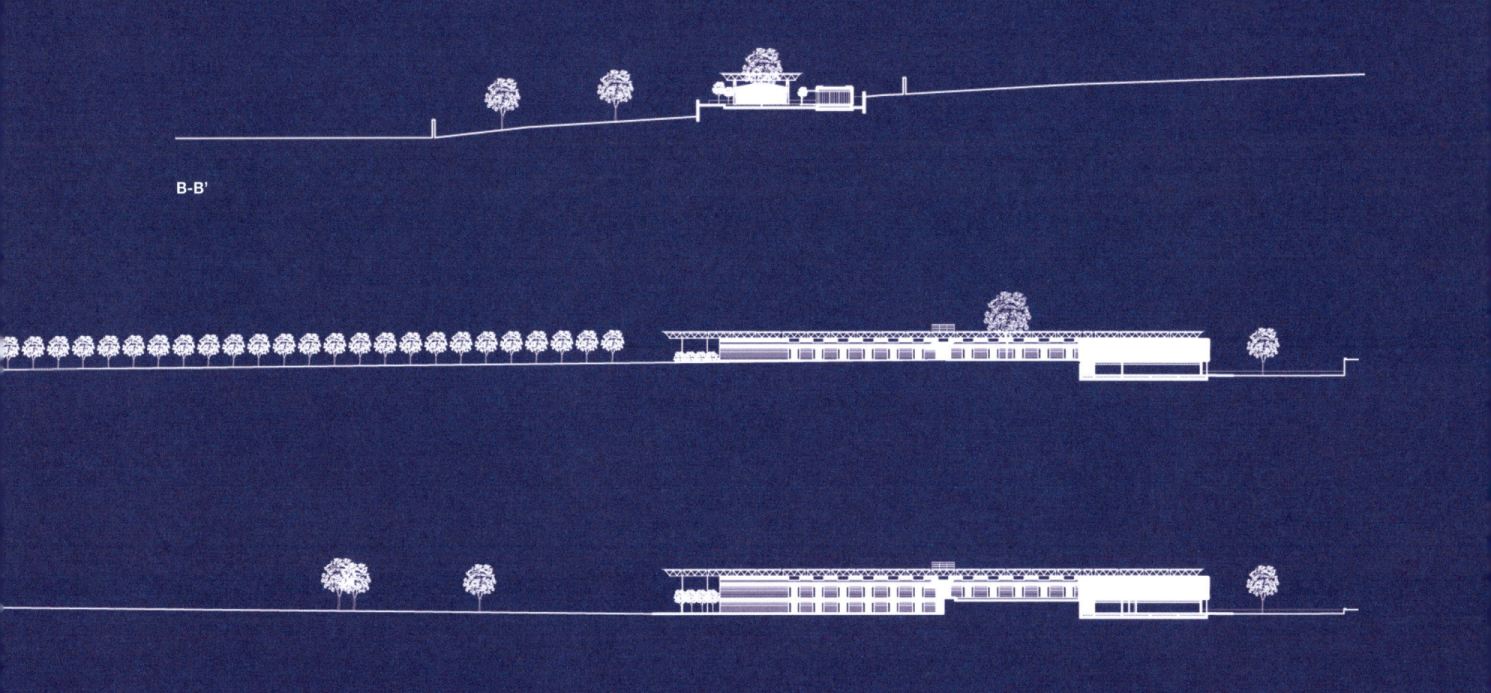

Iniziammo a ragionare sulle funzioni e la loro distribuzione, e quindi sulla pianta dell'edificio. Volevamo che degenza, accoglienza e sale operatorie fossero divise chiaramente. In mezzo, fra i diversi blocchi, il verde. Così è nata l'idea di un edificio formato da due grandi ali, distanti 30 metri una dall'altra. In una le camere per 72 degenti, nell'altra gli ambulatori, l'accoglienza e la zona di day hospital. A collegare le due ali il blocco operatorio con tre sale.

We began to think about the functions and their distribution, and then about the building plan. We wanted the wards, reception and operating theatres to be clearly divided. In the middle, between the different blocks, there would be greenery. This gave rise to the idea of a building consisting of two large wings, 30 meters apart. One would have the rooms for 72 patients, the other the clinics, the reception and the day hospital. The operating block with three rooms connects the two wings.

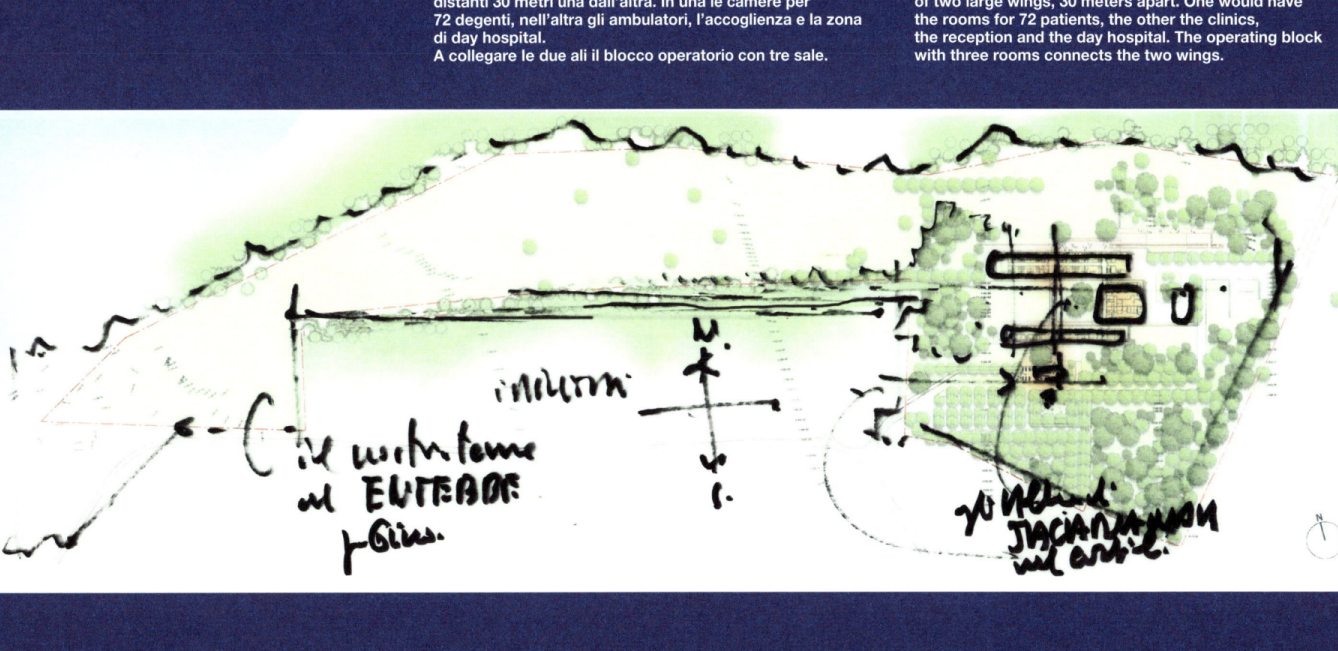

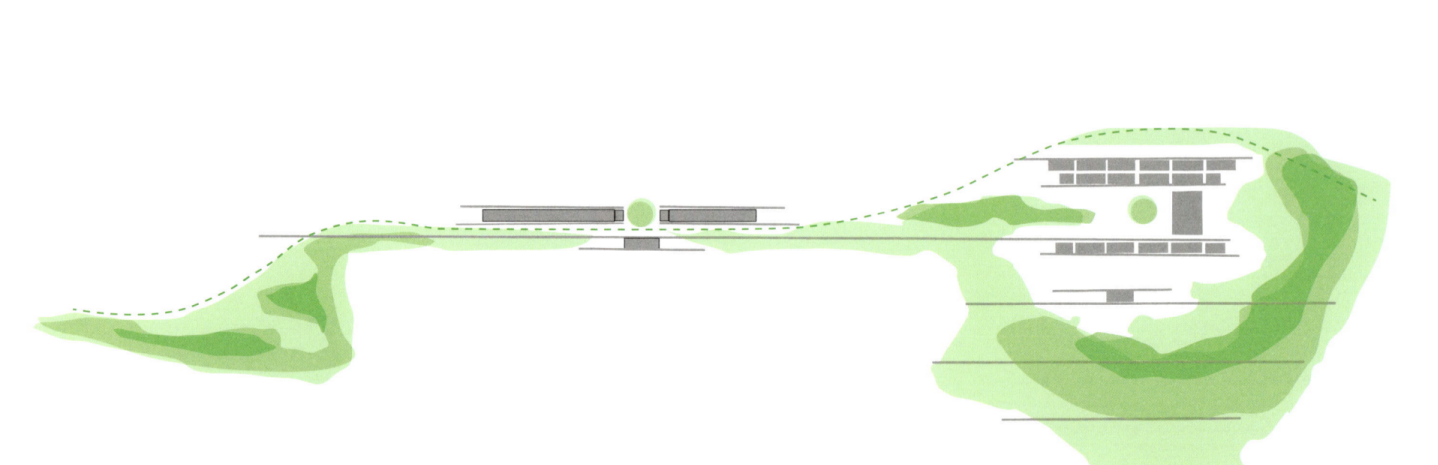

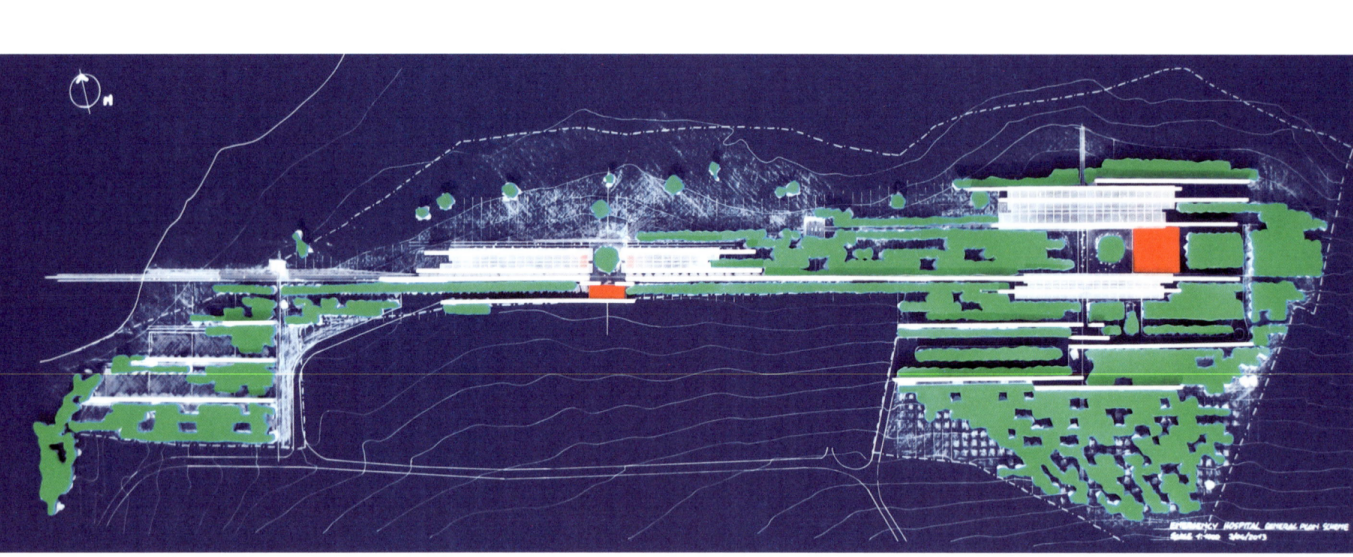

Il risultato dell'unione tra eccellenza progettuale e medica si chiama «healing architecture», architettura che guarisce. Questa idea è stata uno dei principi fondativi del lavoro: l'ospedale si trova a quasi 1.200 metri di altitudine, in un luogo salubre e immerso nel verde. La luce naturale, le grandi finestre, l'acqua, i colori, la natura, il verde e i giardini aiutano il compito della medicina, impattando sia sull'aspetto fisico che su quello psicologico dei pazienti, rendendo più rapidi i processi di guarigione, più brevi le degenze, riducendo il dolore e le possibilità di infezione.

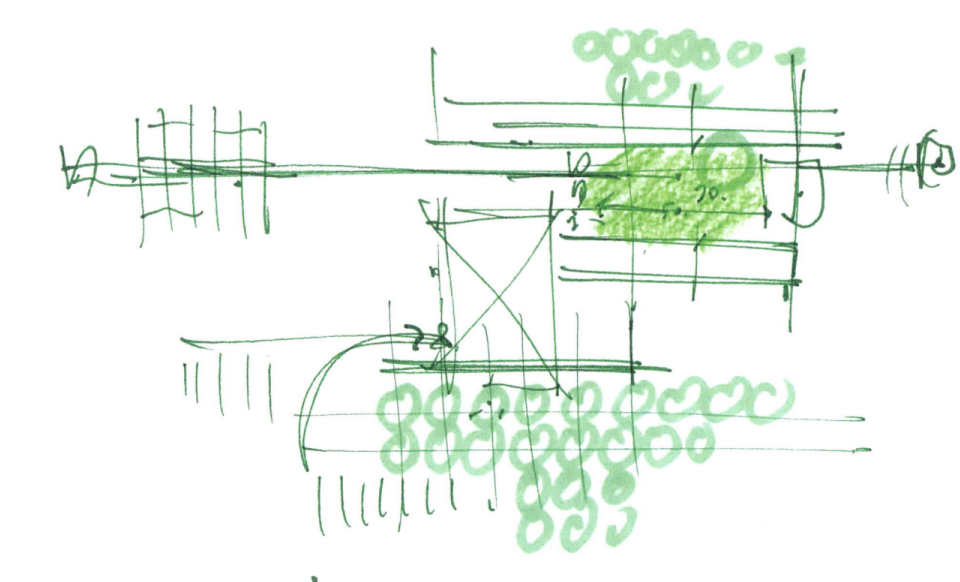

The result of the union between design and medical excellence is termed "healing architecture". This idea was one of the founding principles of the work. The hospital is set almost 1,200 meters above sea level, in a healthy place surrounded by greenery. Natural light, large windows, water, colors, nature, greenery and gardens help the task of medicine, enhancing the patients' physical and psychological state, speeding the healing processes, shortening hospital stays, reducing pain and the likelihood of infection.

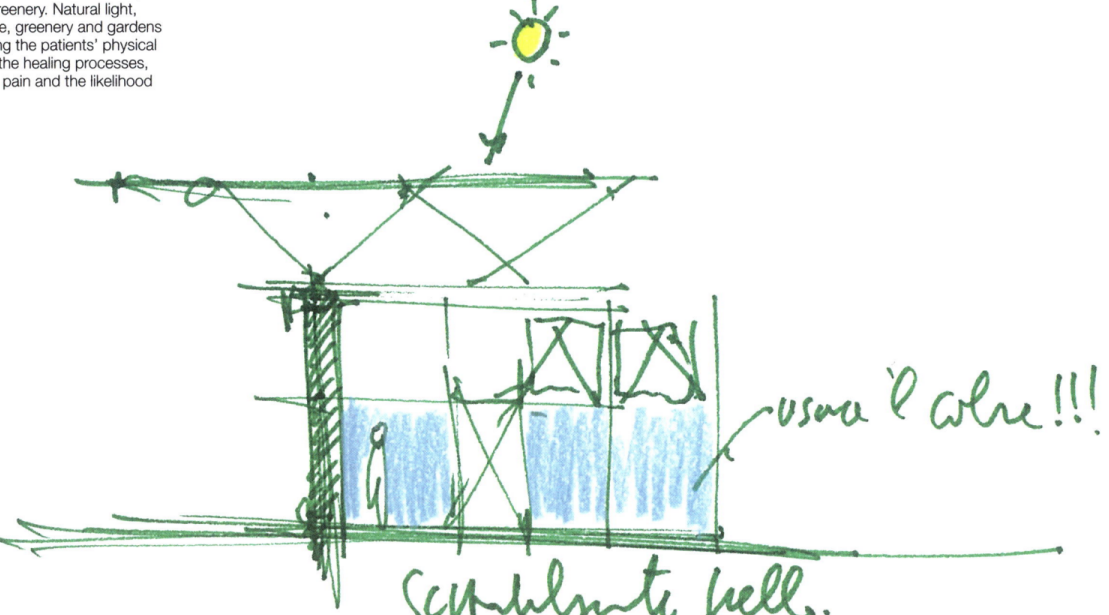

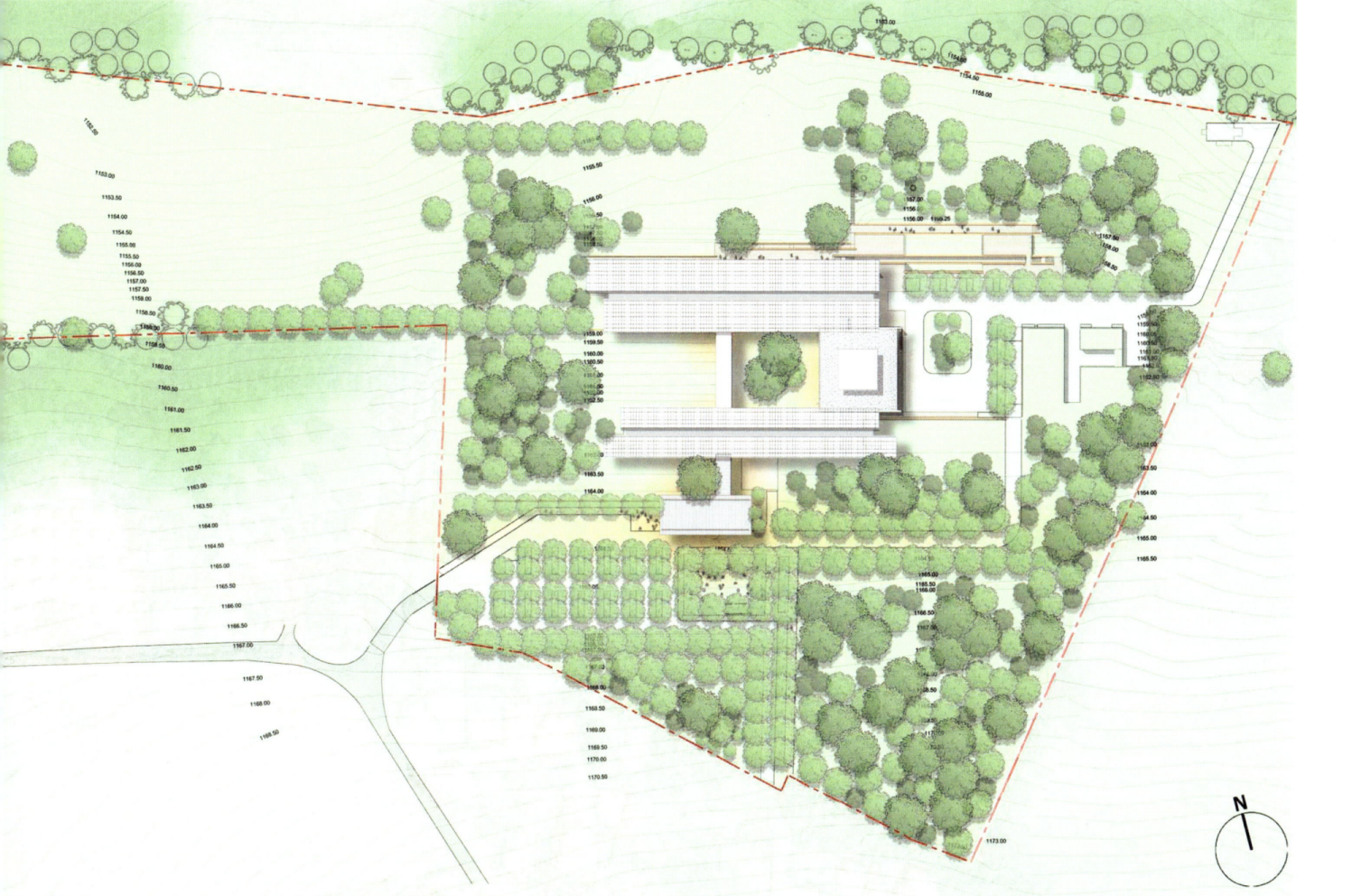

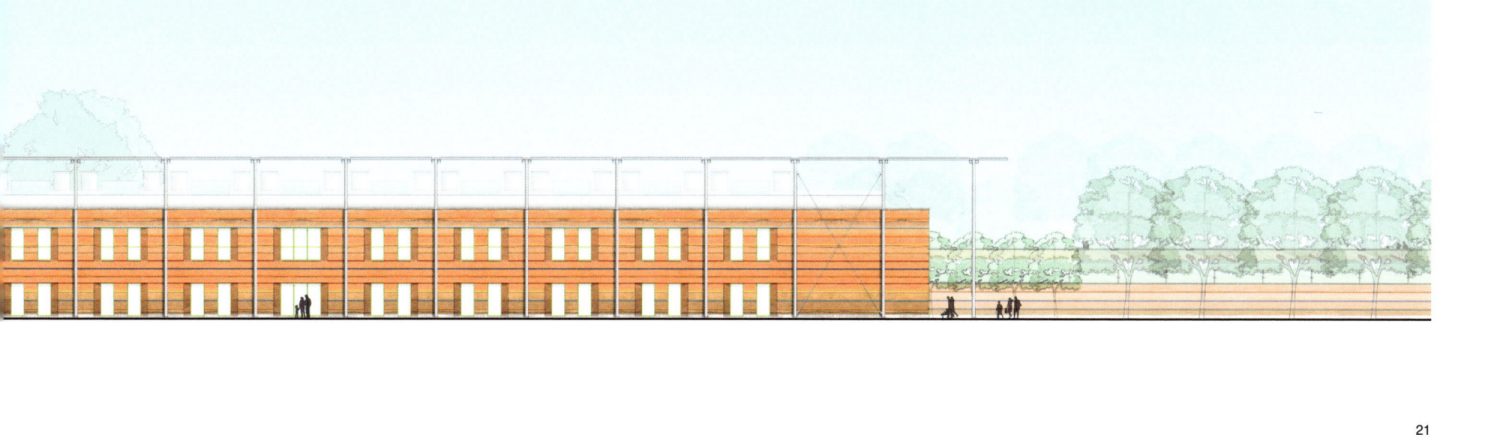

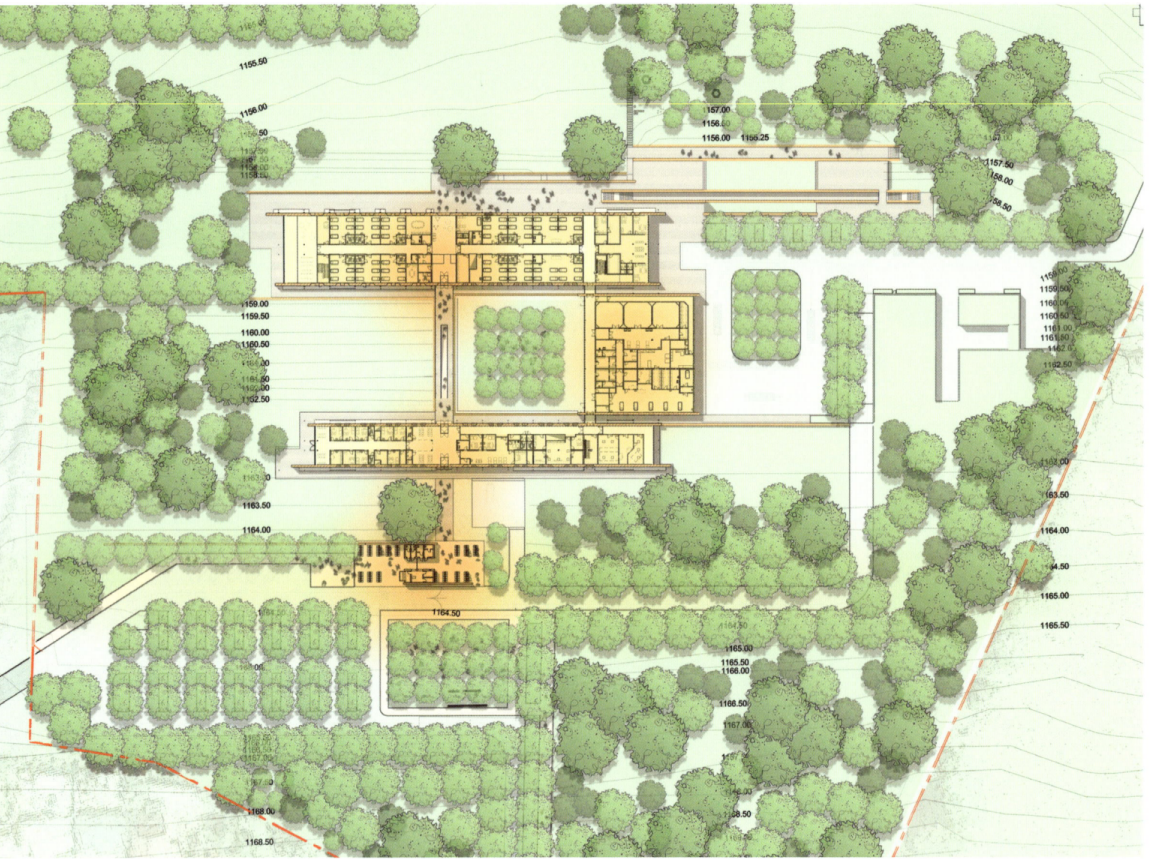

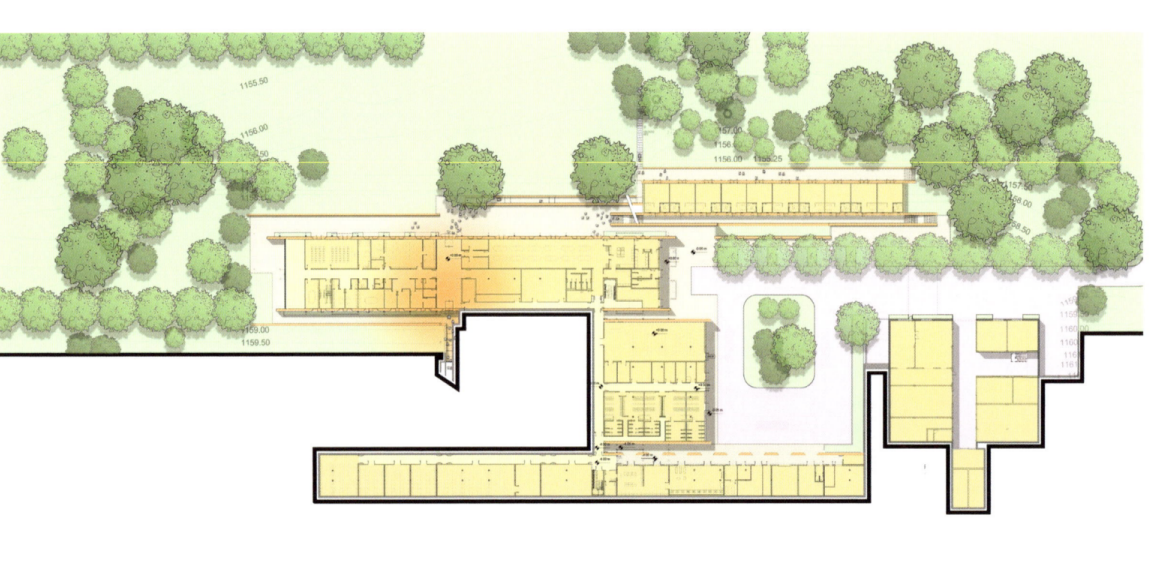

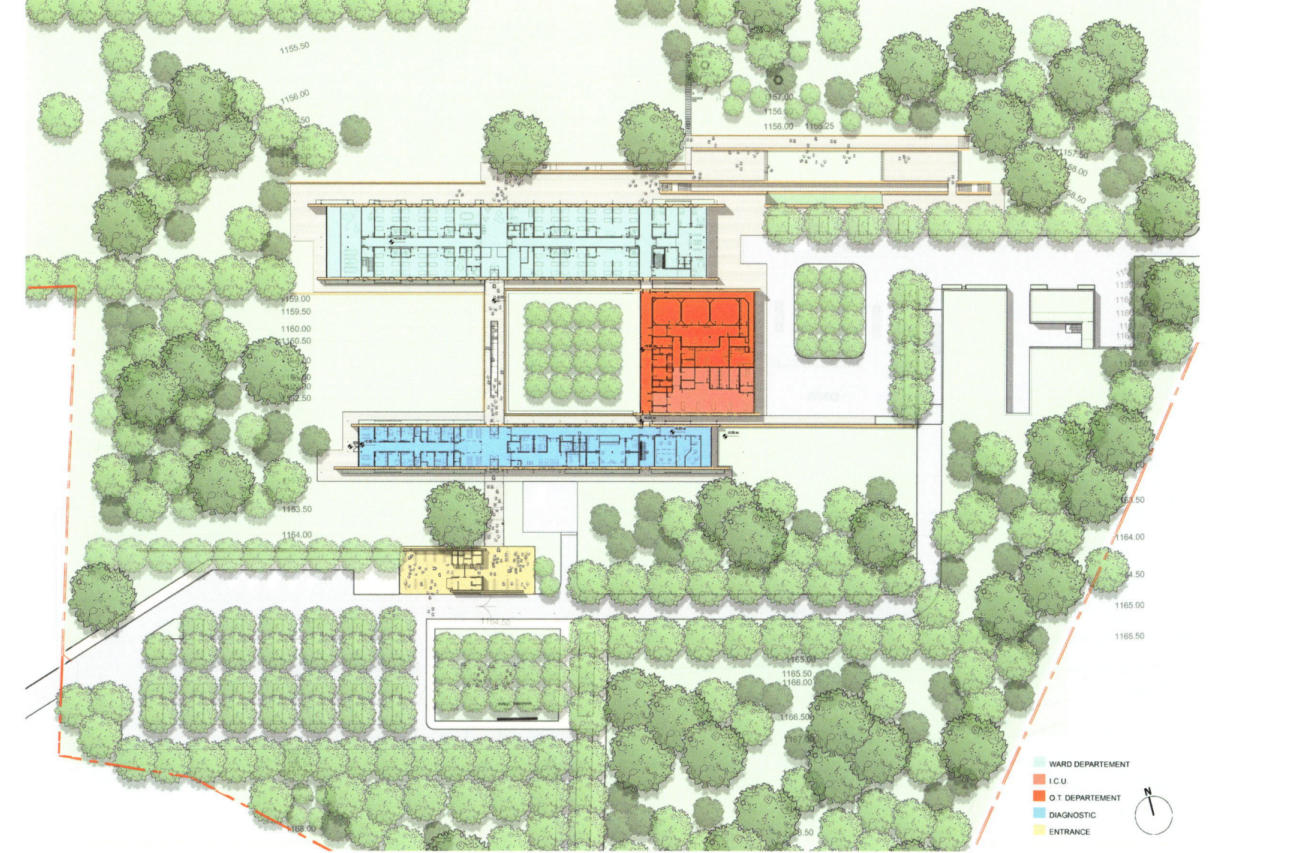

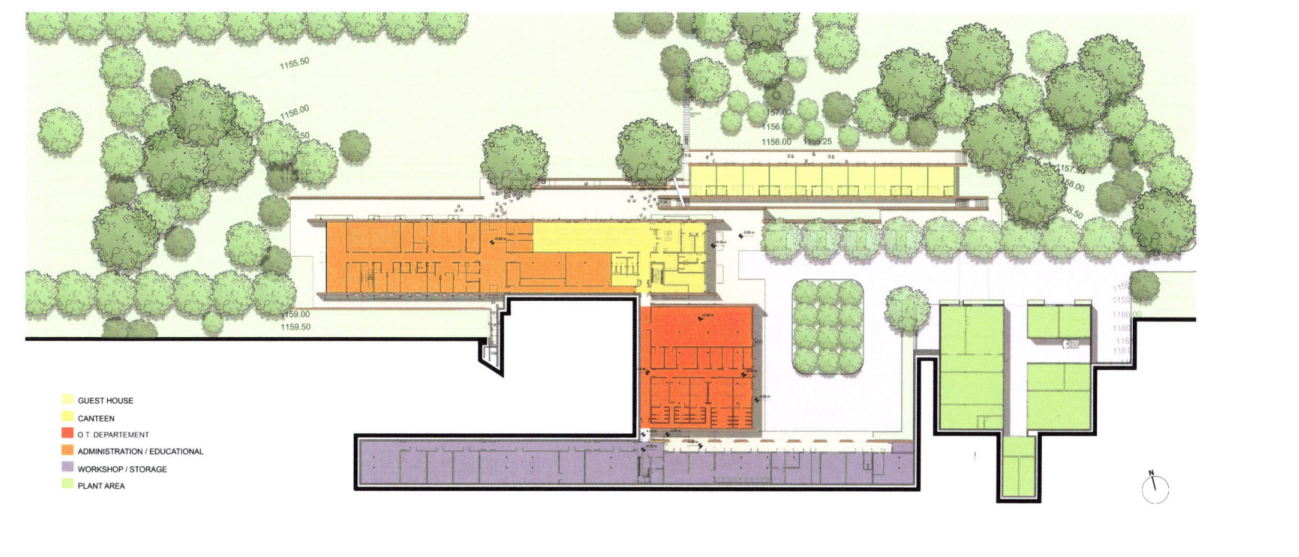

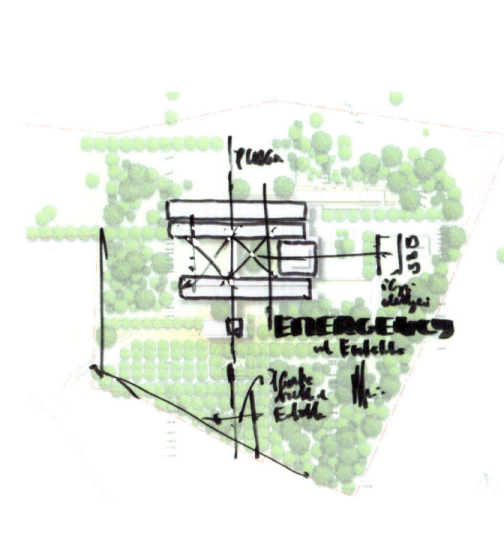

L'ospedale si sviluppa su due livelli, seguendo l'orografia del terreno che digrada verso il lago Vittoria, ed è composto da più edifici organizzati intorno ad un giardino interno.

The hospital is laid out on two levels, following the landforms as they slope down towards Lake Victoria, and is made up of several buildings ranged around an internal garden.

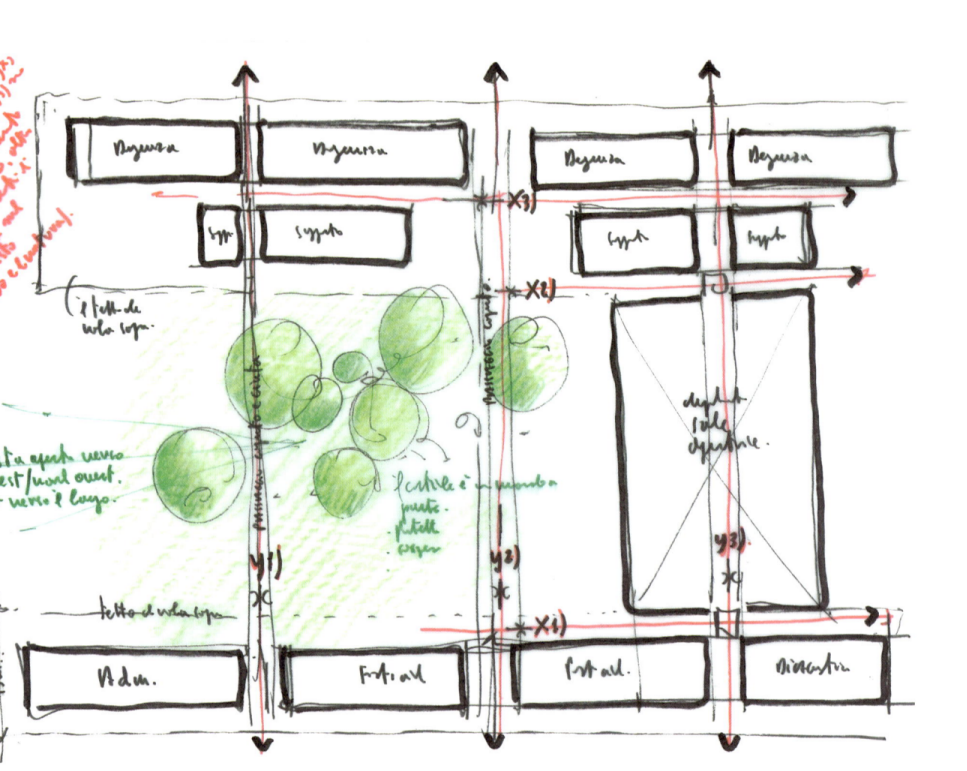

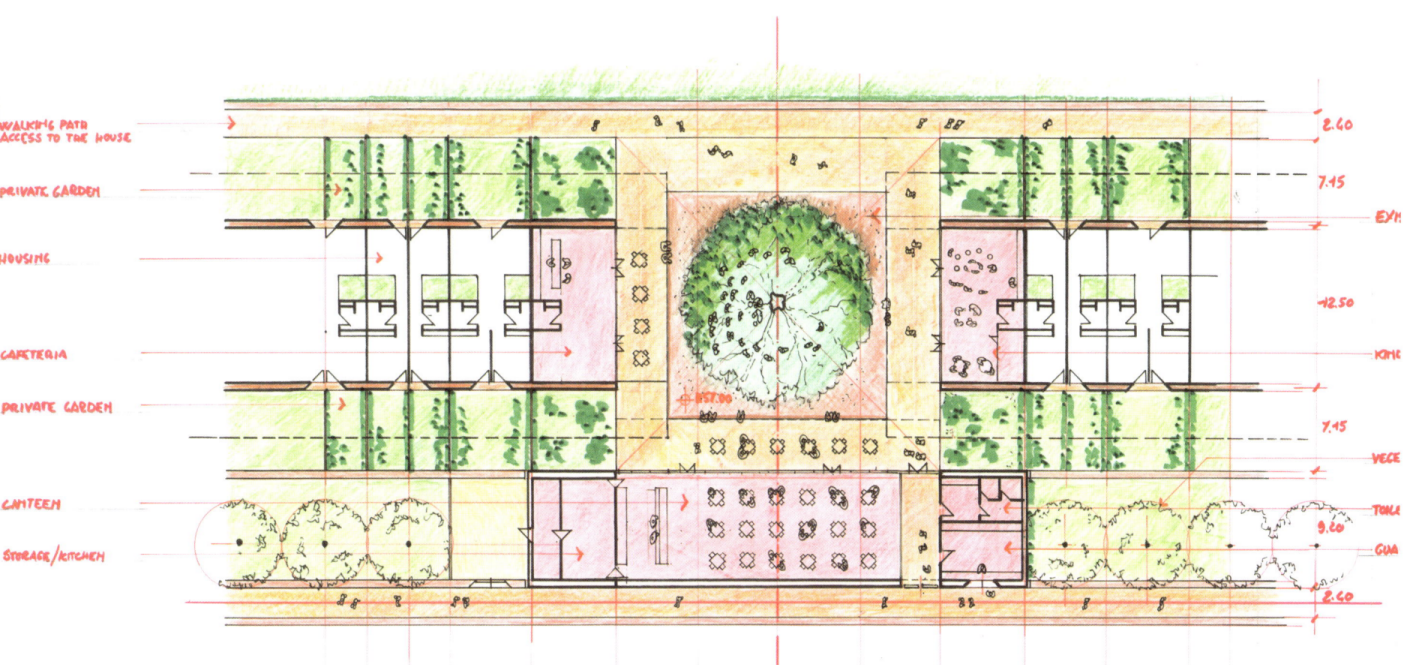

I parchi e i giardini sono come bambini

Lavorare a questo progetto è stato come partire per un grande viaggio nell'Africa centrale, con il bagaglio dei ricordi di qualche vacanza in East Africa e in Kenya: viali azzurri di Jacarande, filari di baobab, acacie di savana, e le palme della costa. Ricordi da ampliare con nuovi e più solidi elementi, iniziando con la documentazione del sito e dei suoi parametri ambientali e naturalistici, il clima e la vegetazione, e su quest'ultimo tema ci hanno aiutato buoni libri della nostra biblioteca, cominciando dalla sterminata Flora of Tropical East Africa, edita da Kew Gardens, per passare agli alberi, in compagnia di Olive and Keit Coates Palgrave, con il loro magnifico Trees of Central Africa, e Palmer e Pitman con Trees of South Africa, per concludere con Kenya Trees & Shrubs di Dale e Greenway. Ma prima è stato necessario immedesimarsi nel progetto dell'ospedale, nel suo impianto, nelle sue coordinate, i suoi obiettivi e i suoi sogni,

tra questi l'albero attorno a cui si sarebbe costruito il centro compositivo, il vecchio gigante mvule (Milicia excelsa) che alla fine ci ha traditi. Il luogo, la sua natura, il progetto: dall'incontro di queste coordinate ha preso forma il disegno paesaggistico, che deve connettere e radicare la struttura architettonica nel paesaggio. Abbiamo passato giornate belle e intense con Giorgio Grandi e lo staff di RPBW, con Raul Pantaleo di TAMassociati e il gruppo di Emergency, ascoltando Renzo, per cercare di capire e carpire il senso profondo dei suoi segni e delle sue idee. Abbiamo seguito la sua matita tracciare linee lunghe verso il lago Victoria, che dista un tiro di freccia, e disegnare il cuore del complesso. Abbiamo ascoltato i consigli pratici degli esperti di Emergency sulla necessità di accesso e circolazione, l'accoglimento del pubblico, il coordinamento della logistica, e la necessità di riparo dagli elementi naturali, dalle acque correnti con fossi e drenaggi, e dall'intrusione di animali con una solida siepe difensiva. Così è nato il progetto: tracciando linee

che seguono il pensiero, e diventano filari d'alberi, gruppi e boschetti dalle alte fronde ombrose, colori di foglie e fioriture, che giocheranno con la magnifica tinta della terra, che colora anche i muri dell'edificio. Mentre prendeva forma la composizione, abbiamo scelto gli elementi.

Il catalogo è grande, le attrattive delle magnifiche piante tropicali sono infinite; la prima selezione è iniziata con quelle normalmente impiegate nei giardini e nelle strade di Uganda e Tanzania: molti di questi alberi li conoscevamo, per averli già visti in Kenya, in Florida e in California; ma non volevamo rinunciare ad altri di grande fascino e carattere: quelli che marcano con la loro imponenza paesaggio e vegetazione della zona, in particolare la Milicia e la Maesopsis: mvule e musizi. Avevamo però qualche dubbio sulla nostra capacità di controllare queste misteriose piante: quanto sarebbero cresciute davvero? E in quanto tempo? Ma potevamo contare sui consigli locali. Abbiamo mandato così il primo disegno in cantiere con l'elenco delle piante,

ed ecco la prima sorpresa: dopo attente ricerche ci risposero che in loco non era reperibile nessun vivaio, e anche lontano, con approvvigionamenti incerti, in Kenya per esempio, se ne sarebbero trovate ben poche e di piccola dimensione. Ma è lo stesso cantiere che ci ha dato la soluzione: si sono offerti di impiantare il vivaio sul sito, e di reperire semi e talee per crescerle e coltivarle in loco. L'idea è stupenda. Il tempo della costruzione da una parte, e la rapida crescita delle piante tropicali dall'altra, avrebbero consentito di avere piante trapiantabili e di dimensioni accettabili al momento della messa a dimora. A questo si aggiungeva l'esperienza che avevamo appena fatto con gli alberi di Expo, che precoltivati per due anni con il sistema dell'Air-Pot hanno dato risultati eccellenti, e quindi abbiamo mandato istruzioni al cantiere per seguire questo metodo. Ma anche i materiali dell'Air-Pot erano irreperibili sul posto. E di nuovo sono intervenute le infinite risorse degli uomini del cantiere, che hanno risolto la situazione inventando un sistema analogo: grandi sacchi di

iuta, riempiti di terriccio locale come contenitori, con le pareti areate che consentono, al contatto con l'aria, la formazione di un sistema radicale speciale, fitto e compatto. Si è formato così in breve tempo un bellissimo vivaio di 400 piante. Le talee e i semi reperiti non sono esattamente tutte le specie del nostro catalogo, ma con qualche adattamento abbiamo ricomposto il quadro compositivo, mentre le piante crescevano. Dal vivaio ci tenevano costantemente al corrente, mentre da qui, con i vivaisti pistoiesi, inviavamo consigli colturali. Particolare attenzione aveva il gruppo delle Jacarande, che dovevano per prime andare a inverdire la corte principale. Le Jacarande, che però sono sudamericane. Ma la loro lunga fioritura azzurra è impagabile, e le ha fatte adottare in tutta l'Africa dal Marocco alla Tanzania, e poi il gruppo di piante nel nostro vivaio era cresciuto molto bene, e il numero era giusto per coprire e ombreggiare, con la leggerezza della loro chioma allargata, la bella corte centrale dell'ospedale. Adesso, messe a dimora le piante, germinata

l'erba dei tappeti verdi, cinto il luogo con la rigogliosa siepe di bouganvillea, ci vuole il tempo. Il tempo e le cure, che devono accompagnare ogni progetto paesaggistico. Le architetture nascono adulte e complete, ma i parchi e i giardini, appena fatti, sono come bambini, che cresceranno bene se saranno curati bene, e qui non abbiamo dubbi che questo avvenga, perché le mani dei giardinieri saranno le stesse che hanno fatto il miracolo di creare la nursery, e ivi crescere le piante dai semi.

Franco Giorgetta
Architetto paesaggista

Parks and gardens are like children

Working on this project was like setting off on a long journey to Central Africa, with memories of holidays in East Africa and Kenya: blue avenues of jacarandas, rows of baobabs, acacias of the savannah, and the palm trees of the coast. The memories had to be augmented with a new and more solid understanding, starting from the documentation of the site and its environmental and natural factors, the climate and vegetation. On this topic some good books from our library proved useful, starting with the endless Flora of Tropical East Africa published by Kew Gardens, to move on to trees, in the company of Olive and Keit Coates Palgrave, with their magnificent Trees of Central Africa, and Palmer and Pitman with Trees of South Africa, to conclude with Kenya Trees & Shrubs by Dale and Greenway. But first we had to identify with the hospital project, its system, its coordinates, its objectives and dreams, including the tree around which

the hospital would be built. This was a giant old mvule (Milicia excelsa), which ultimately betrayed us. The place, its nature, the project: the landscape design took shape from the meeting of these coordinates, with the task of connecting and rooting the architectural structure in the landscape. We spent beautiful and intense days with Giorgio Grandi and the RPBW staff, with Raul Pantaleo of TAMassociati and the Emergency group, listening to Renzo, trying to grasp and understand the profound significance of his designs and ideas. We followed his pencil as it drew long lines towards Lake Victoria, a bowshot away, and designed the heart of the complex. We listened to the practical advice of Emergency's experts on the need for access and circulation, public reception, coordination of logistics, and the need for shelter from the natural elements, from running water with ditches and drainage, and from incursions by animals with a solid defensive hedge. In this way the project arose: tracing lines that followed thought, and become rows of trees, clusters and thickets

with tall shady foliage, the colors of leaves and blooms, which will play with the magnificent hue of the earth, which also colors the walls of the building. As the composition took shape, we chose the plants. The catalogue was large and the magnificent tropical plants were endlessly attractive. A first selection began with those normally used in the streets and gardens of Uganda and Tanzania. We knew many of these trees, having already seen them in Kenya, Florida and California. But we were reluctant to give up others of great charm and character. The ones that mark the landscape and vegetation of the area with their grandeur, in particular the Milicia and the Maesopsis: mvule and musizi. All the same, we had some doubts about our ability to control these mysterious plants. How much would they really grow? And how long would it take? But we could count on local advice. So we sent the first drawing to the building site with a list of plants, and had our first surprise. After a careful search we were told that no nursery was

available locally, or even further away, and supplies were uncertain. In Kenya, for example, there were only a few and they were small. But the construction workers found the solution. They offered to set up a nursery on the site, and to find seeds and cuttings to grow and cultivate them there. The idea was wonderful. The construction schedule, on the one hand, and the rapid growth of tropical plants on the other, would make it possible to have plants of acceptable size ready to transplant when the time came. Added to this was the experience we had just had with the trees for Expo. Pre-grown for two years with the Air-Pot system they produced excellent results, and so we sent instructions to the building workers to follow this method. But the Air-Pots were also unavailable on site. And again the infinite resources of the workers came to our aid, solving the problem by inventing a similar system. They used large jute sacks filled with local soil as containers, with ventilated walls to allow, in contact with the air, the formation of a special, dense, compact root system.

In a short time, a splendid nursery of 400 plants was formed. The cuttings and seeds found were not exactly all the species in our catalogue, but with some adaptations we revised the composition, while the plants kept growing.

At the nursery they kept us constantly informed, while from here, with the nurserymen in Pistoia, we sent advice on cultivating them. Particular care was lavished on the group of jacarandas, which were to be planted first to green the main court. Jacarandas are actually from South American, but their long blue blooms are enchanting, so they have been adopted across Africa from Morocco to Tanzania. And then the set of plants in our nursery had grown well, and the number was just right to cover and shade, with the lightness of their enlarged foliage, the hospital's beautiful central courtyard. Now, with the plants in the ground, the turf of the lawns has sprouted and the place is surrounded by a luxuriant bougainvillea hedge, but it will still take some time. Time and care, which has to accompany every landscape design. Architecture is born full-grown and complete, but parks and gardens, once made, are like children, who will grow well if they are tended. Here we have no doubt that this will happen, because the hands of the gardeners will be those that worked the miracle by creating the nursery and growing the plants from seed.

Franco Giorgetta
Landscape architect

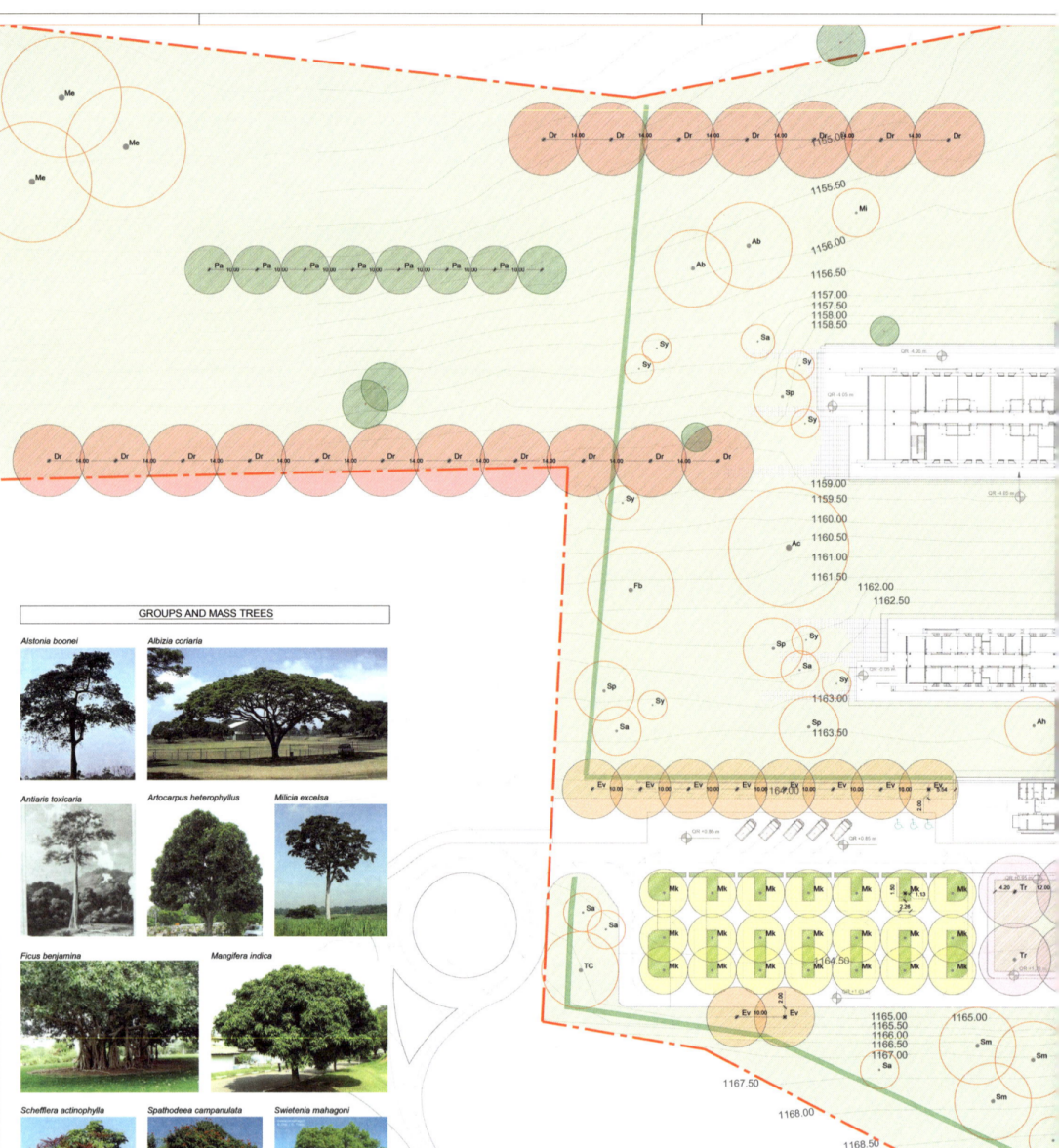

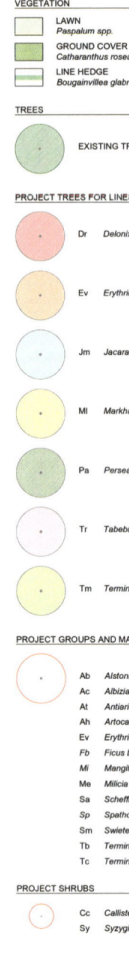

LANDSCAPE LEGEND

VEGETATION

	LAWN
	Paspalum spp
	GROUND COVER
	Catharanthus roseus
	LINE HEDGE
	Bougainvillea glabra

TREES

EXISTING TREES

PROJECT TREES FOR LINES & SET n° 131

	Code	Species	Qty
	Dr	*Delonix regia*	21
	Ev	*Erythrina variegata*	10
	Jm	*Jacaranda mimosaefolia*	25
	Ml	*Markhamia lutea*	25
	Pa	*Persea americana*	7
	Tr	*Tabebuia rosea*	30
	Tm	*Terminalia mantely*	13

PROJECT GROUPS AND MASS TREES n° 74

Code	Species	Qty
Ab	*Alstonia boonei*	9
Ac	*Albizia coriaria*	3
At	*Antiaris toxicaria*	2
Ah	*Artocarpus heterophyllus*	3
Ev	*Erythrina variegata*	4
Fb	*Ficus benjamina*	1
Mi	*Mangifera indica*	5
Me	*Milicia excelsa*	6
Sa	*Schefflera actinophylla*	18
Sp	*Spathodea campanulata*	6
Sm	*Swietenia mahagoni*	7
Tb	*Terminalia bellirica*	2
Tc	*Terminalia catappa*	8

PROJECT SHRUBS n° 14

Code	Species	Qty
Cc	*Callistemon citrinus*	2
Sy	*Syzygium myrtifolium*	12

GROUPS AND MASS TREES

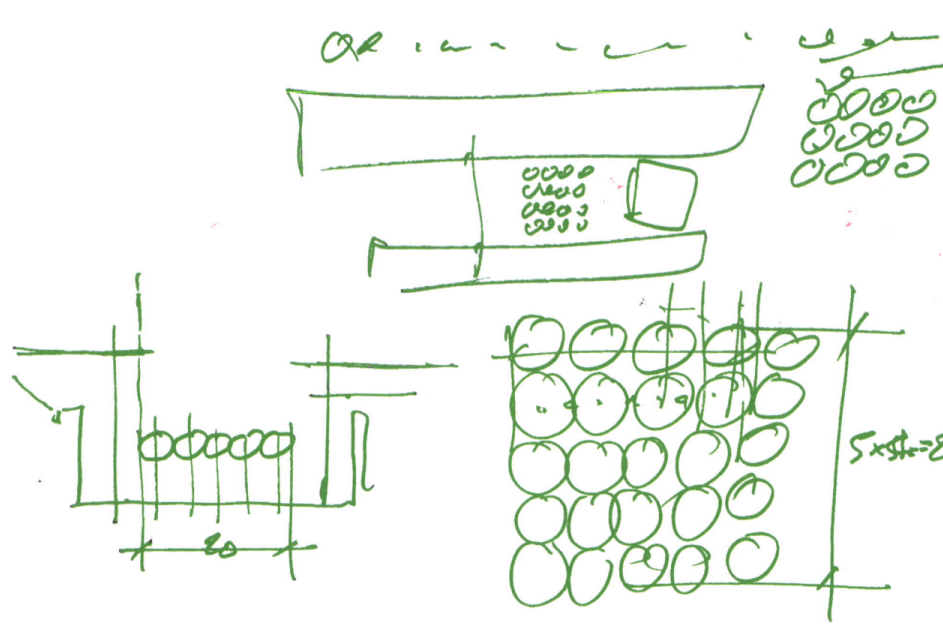

FIRST PHASE

Tree set at the time of planting.
Crown about 3 m diameter.

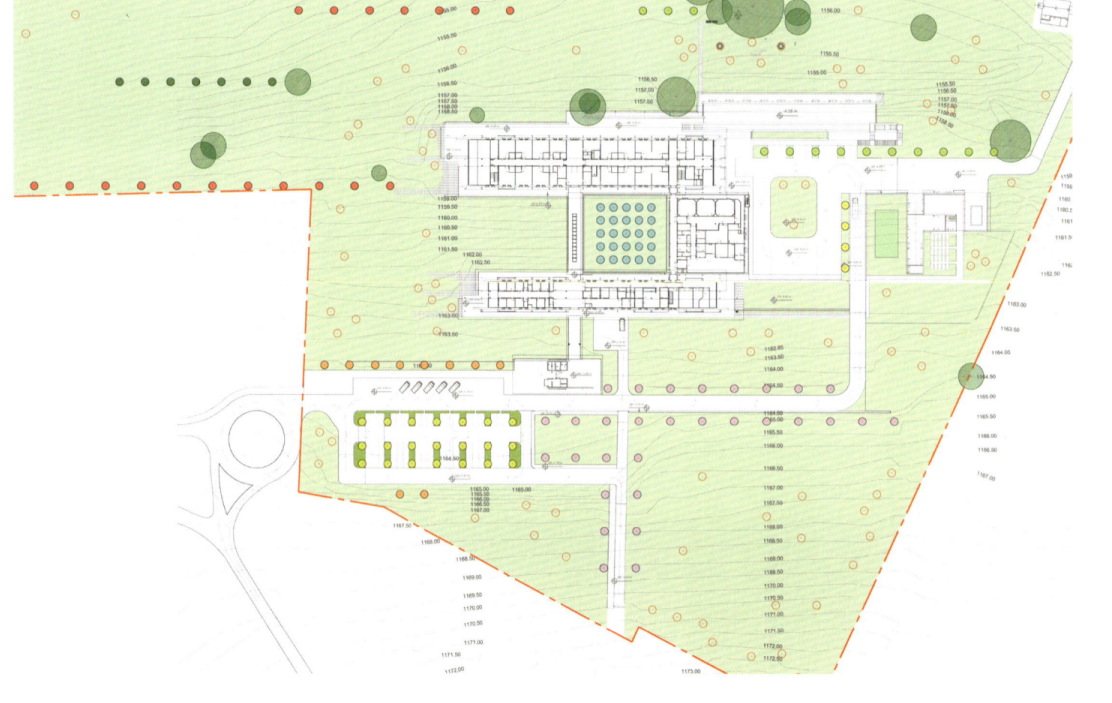

SECOND PHASE

Reliable growth at 10/15 years. Time has come to remove Jacarandas in the central court. Four will remain.

THIRD PHASE

Mature age. Reliable growth at 20/30 years from the start.

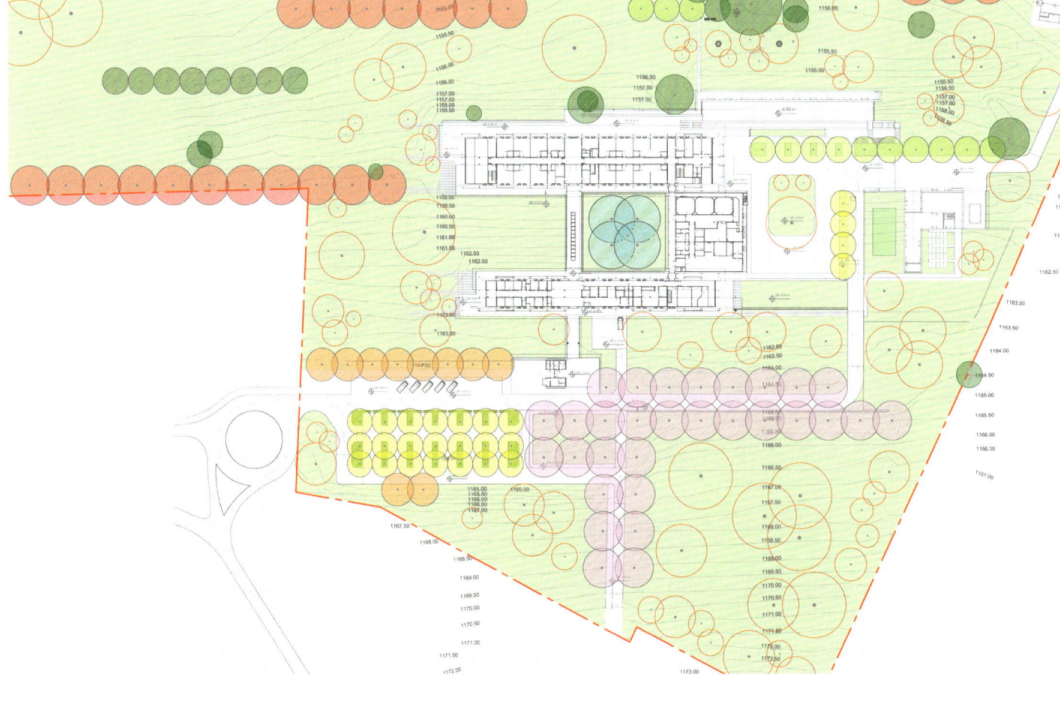

Le murature perimetrali fuori terra sono in terra battuta. Il materiale di costruzione è un impasto ottenuto miscelando il terreno scavato in loco con aggregati e appositi reagenti, che conferiscono alla materia prima migliori caratteristiche di resistenza meccanica e al dilavamento. Le pareti, spesse circa 60 cm, si ottengono compattando strati successivi di terreno umido entro casseforme di acciaio. Uno dei vantaggi di questa tecnica è l'inerzia termica, che facilita la termoregolazione dell'edificio, evitando la dispersione.

The outer walls above ground are in rammed earth (pisé). The building material is a compound made by mixing the soil excavated on site with aggregates and suitable reagents, which give the raw material better mechanical resistance and protect it from leaching. The walls, about 60 cm thick, are obtained by compacting successive layers of moist soil in steel formworks. One of the advantages of this technique is its thermal inertia, facilitating thermoregulation of the building and preventing dispersion.

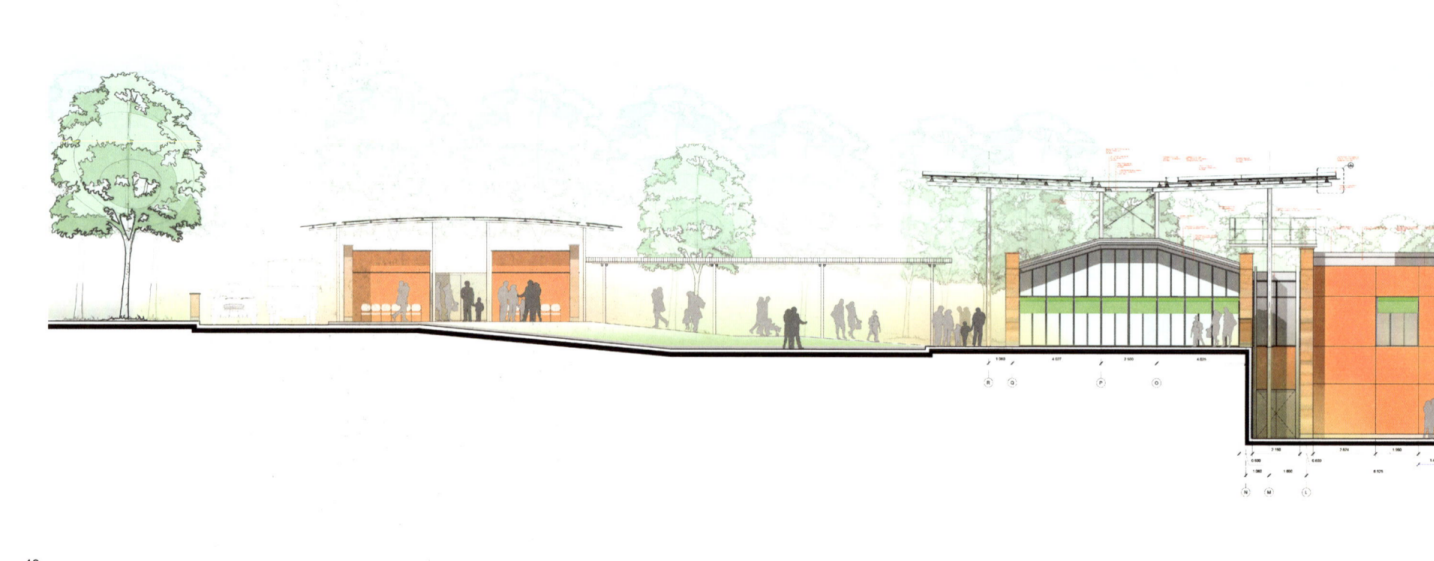

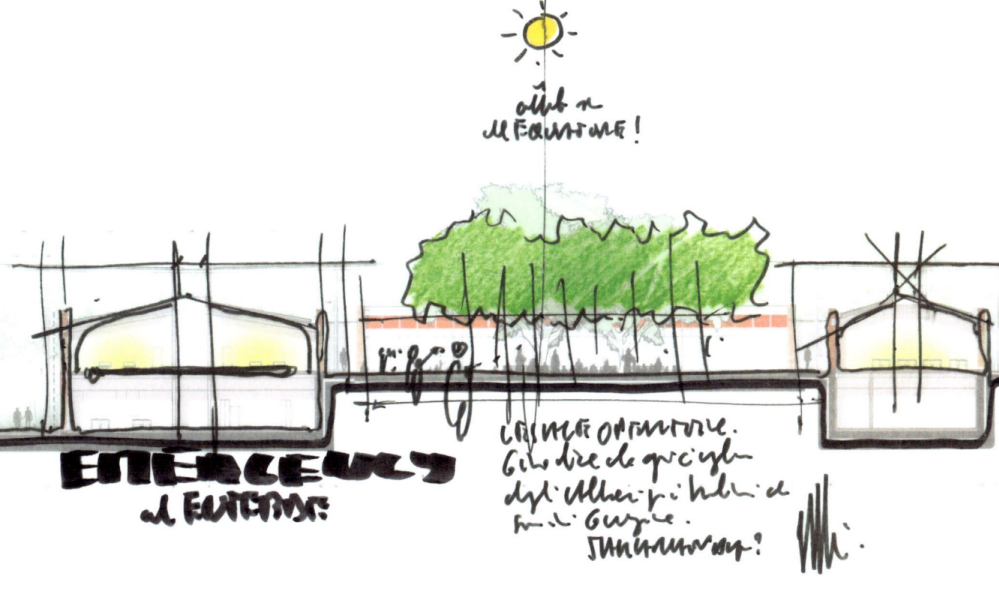

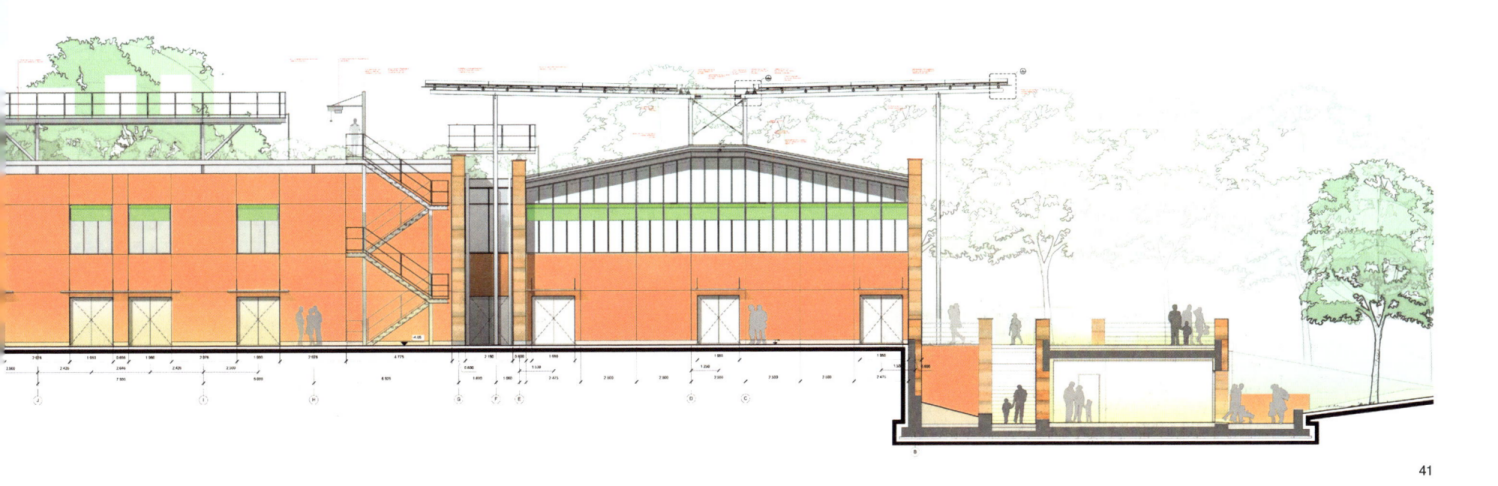

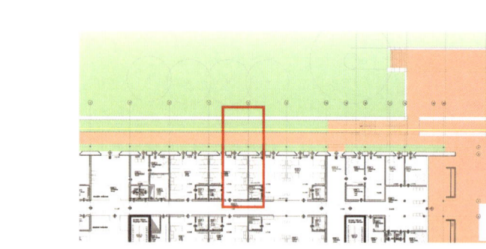

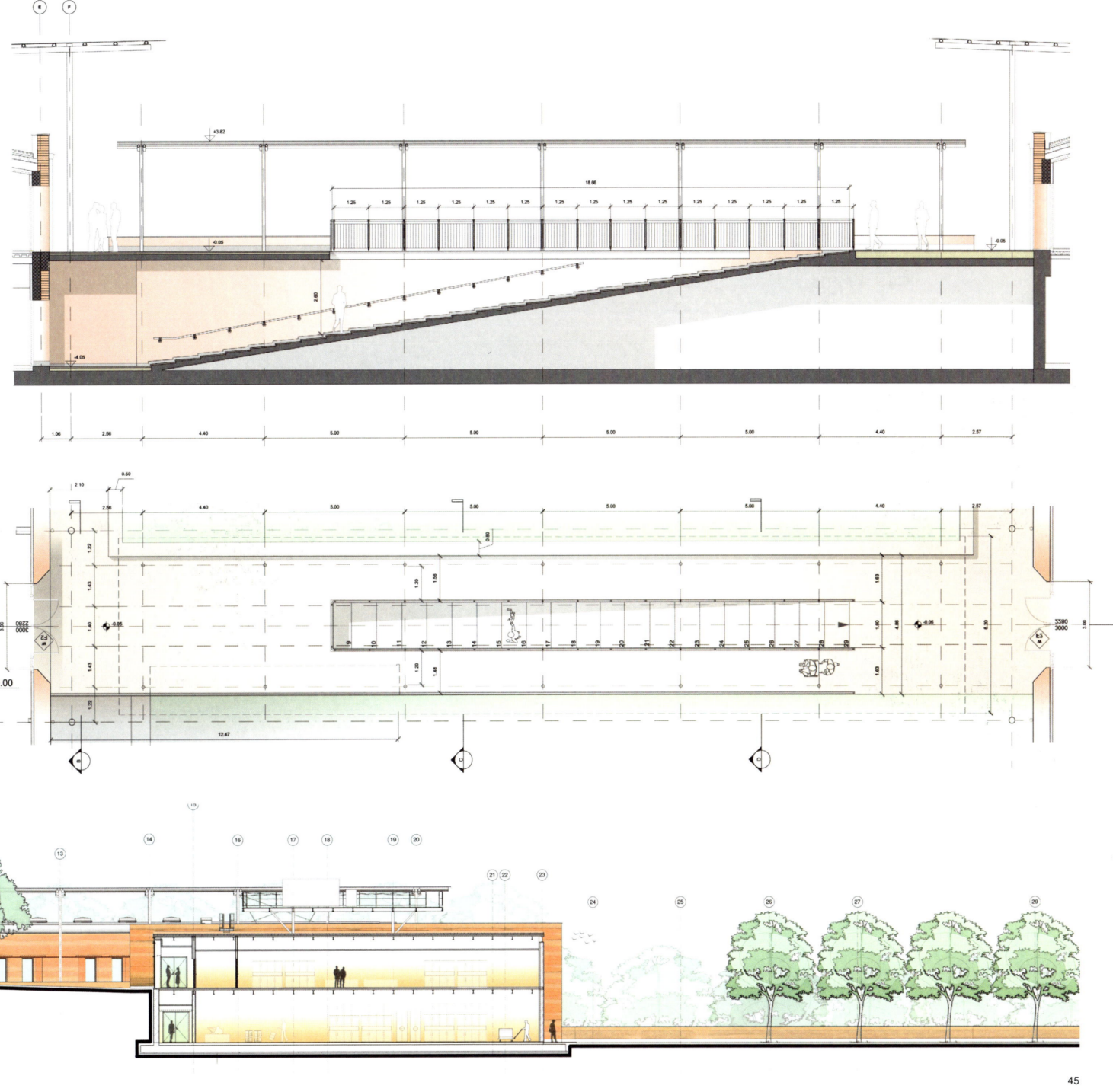

Zone dove si costruisce in terra battuta
Areas where rammed earth is used

Tradizione e innovazione: il pisé

L'istante in cui ho saputo che avrei partecipato alla realizzazione di questo ospedale è rimasto scolpito nella mia memoria: quale compito mi avrebbero affidato? A quali resine, cementi o prodotti speciali avrei fatto ricorso? Lo stupore è stato grande quando ho capito che il materiale da costruzione scelto era l'argilla, e la tecnica costruttiva il pisé. Ero assalita da una gioia nuova: costruire finalmente con materiali naturali, ma al contempo innovativi. Occuparmi di un materiale ancestrale mi ha fatto assaporare "il sale della terra" (come il titolo del film di Wim Wenders sulla vita di Sebastião Salgado). Mi chiedevo quale additivo dare all'argilla per renderla durevole al clima dell'Uganda, caratterizzato da una non trascurabile piovosità. Non riuscivo a smettere di pensarci, e di certo, almeno inizialmente, non mi è stato di aiuto l'interesse del Dr. Giorgio Squinzi che ha sintetizzato l'importanza del progetto con questa frase: "Elisa è un progetto di vita. Non dimenticarlo." Quelle parole, che subito mi avevano intimorita, mi hanno presto infuso una carica che ho trasmesso ai miei colleghi, coinvolgendoli con entusiasmo nel progetto. E così l'avventura ha preso forma: tutte le nostre migliori competenze sono accorse al tavolo delle idee, e insieme abbiamo maturato le soluzioni.

In particolare bisognava rispondere a un'esigenza specifica: utilizzare il maggior quantitativo di argilla possibile, per impiegare al massimo la risorsa locale disponibile. Allo scopo è stato predisposto un programma sperimentale presso i laboratori Mapei per superare il limite del 35% di argilla desunto dalla letteratura scientifica. Inoltre, era espressamente richiesto che il materiale fosse durevole e, in particolare, resistente all'azione delle piogge. Infine, i progettisti strutturali desideravano un materiale più resistente meccanicamente rispetto al pisé tradizionale. Le richieste da soddisfare, quindi, erano molto ambiziose.

I ricercatori hanno superato la sfida con una soluzione sostenibile a basso impatto ambientale. Hanno formulato un geopolimero modificato mediante un additivo policarbossilico, denominato Mapesoil, che ha permesso di ottenere un pisé con un tenore di argilla del 50%, incrementando la percentuale di questa terra circa del 45% rispetto a quella normalmente utilizzata per questa tecnica costruttiva. La prima richiesta era soddisfatta. Inoltre, il polimero carbossilico ha consentito di migliorare la compattabilità della terra ottenendo valori di massa volumica mediamente superiori a 2100 kg/m^3, incrementando questa caratteristica circa del 20% rispetto al tradizionale pisé. L'incremento della massa volumica, come conseguenza di un minor volume di vuoti, ha consentito di ottenere un pisé con una resistenza

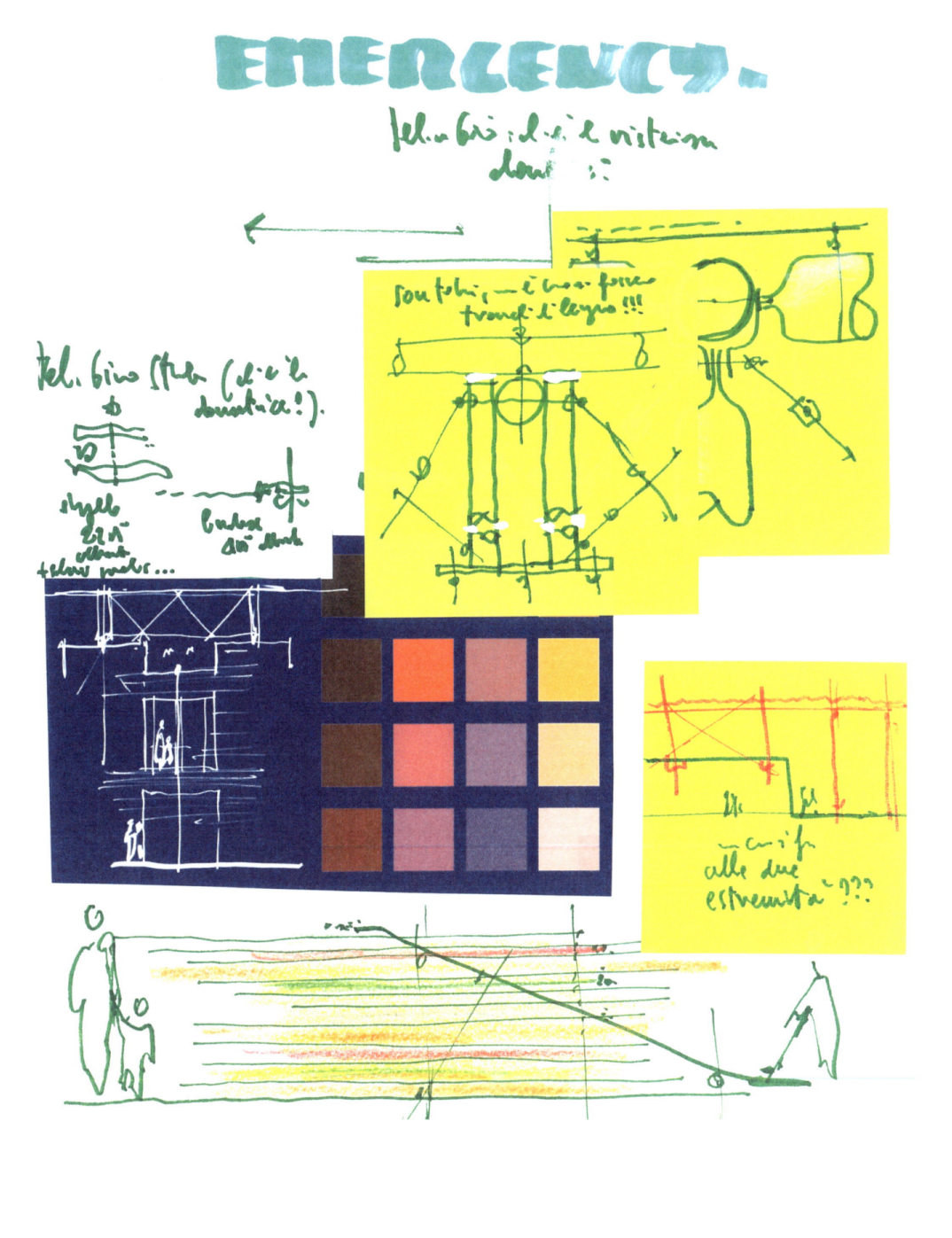

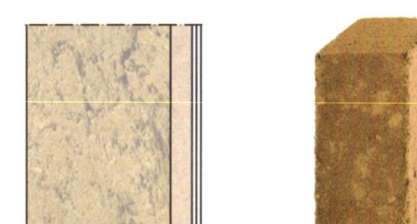

Rammed earth wall color studies

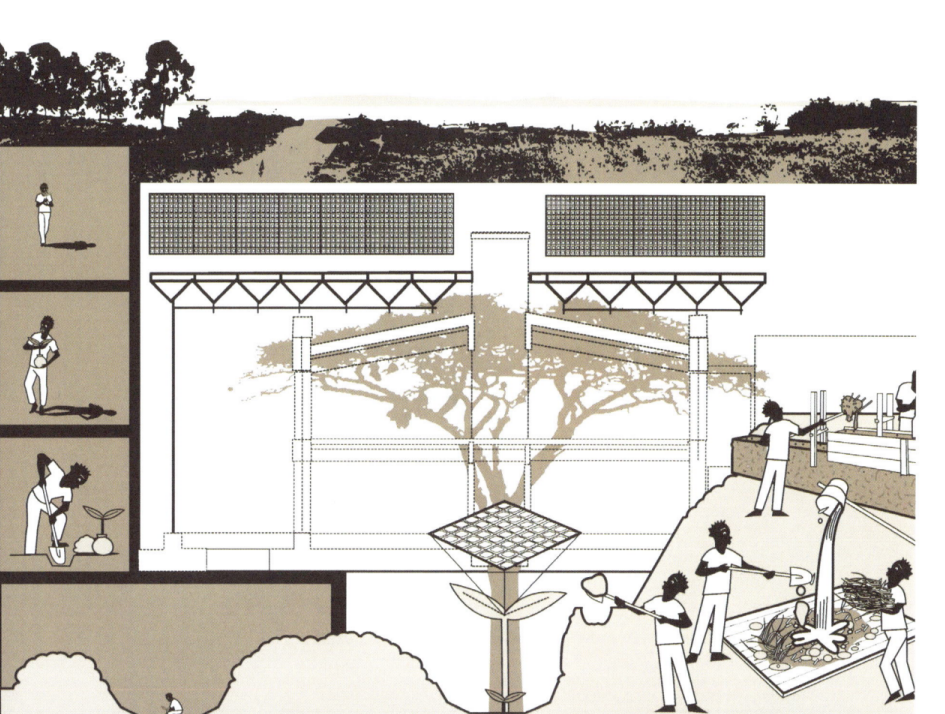

meccanica a compressione in opera di circa 8,5 MPa superiore circa del 70% ai valori di resistenza conseguibili con il tradizionale pisé. Quindi, anche la seconda richiesta era stata soddisfatta. Rimaneva un ultimo obiettivo: realizzare un'argilla cruda resistente e durevole all'azione dell'acqua. Ovviamente senza alterare l'estetica dei muri, impiegando un prodotto sicuro anche per la salute degli applicatori durante la realizzazione e del personale e i pazienti a ospedale avviato. Pertanto, escludendo l'uso di rivestimenti filmogeni da applicare sulle murature che ne avrebbero alterato l'estetica, i ricercatori Mapei hanno individuato un trattamento superficiale (denominato Mapecrete Creme) basato su una molecola quale che fosse compatibile con l'argilla cruda, ma che avesse allo stesso tempo carattere idrofobo. In sostanza, la sfida è stata quella di rendere l'argilla, notoriamente un materiale fortemente idrofilo, resistente all'azione delle piogge. Il trattamento individuato a base di silani, inoltre, presentava caratteristiche di salubrità per la totale assenza di solventi.

A questo punto occorreva valutare l'efficacia del trattamento nei confronti dell'acqua. Su questo tema i ricercatori hanno dovuto sopperire a una lacuna della letteratura scientifica, visto che non era disponibile nessuna norma per verificare la resistenza dell'argilla cruda all'acqua.

Nei laboratori Mapei è stato messo a punto un test del tutto innovativo e originale (Rainfall Erosion Test), che sottoponeva i provini di argilla cruda per un'ora al giorno e per 7 giorni ad una pioggia simulata di forte intensità (6 litri di acqua al minuto). Al termine della prova è stata misurata la perdita di massa sia su provini di argilla cruda trattati con Mapecreme che su quelli non trattati (questi ultimi realizzati con e senza Mapesoil). Il risultato conseguito grazie all'impiego combinato di Mapesoil e Mapecrete Creme è stato davvero eccellente, registrando per l'argilla cruda una trascurabile e fisiologica perdita di massa pari ad appena lo 0.8%. I provini confezionati con solo Mapesoil hanno registrato anch'essi una perdita di massa davvero modesta (2.9%) se confrontata con quella dei provini di pisé tradizionale che al termine del ciclo simulato di piogge si presentavano completamente sfaldati e con una perdita di massa del 50%.

Anche la terza sfida era stata vinta. Temevamo, tuttavia, che gli eccellenti risultati ottenuti potessero non essere mantenuti nel passaggio di scala dal laboratorio al cantiere. Pertanto, è stato deciso di fare un campo prova realizzando un muro di argilla cruda in scala reale, al fine di valutare in situ i risultati ottenuti in laboratorio. La prova ha confermato la fattibilità della tecnica scelta, l'aggiunta del Mapesoil, infatti, garantiva un'elevata produttività che avrebbe consentito di costruire l'ospedale in tempi relativamente brevi. Dopo la realizzazione del muro, i ricercatori hanno esaminato attentamente le sue caratteristiche elasto-meccaniche misurando sia il modulo elastico dinamico con lo strumento ad ultrasuoni che la massa volumica e la resistenze a compressione/trazione dell'argilla cruda. I valori medi di modulo elastico (> 10 GPa), di massa volumica (> 2100 kg/m3) di resistenza meccanica a compressione (> 8 MPa) e di resistenza a trazione indiretta (> 0.35 MPa) hanno riprodotto fedelmente i risultati ottenuti nei laboratori, confermando che la soluzione era sostenibile anche dal punto di vista della realizzazione in cantiere. Ora si poteva procedere alla realizzazione del modello in scala reale direttamente ad Entebbe. L'emozione e la soddisfazione erano alle stelle. Ancora di più durante la visita in Uganda per la posa della prima pietra. La vista di Renzo Piano, seduto accanto al muro a disegnare le geometrie e le forme dell'ospedale, mi ha dato la consapevolezza che la ricerca condotta non sarebbe rimasta in forma di un report sperimentale zeppo di numeri e di percentuali, ma si sarebbe concretizzato in un vero ospedale, in un progetto di grande umanità. Un progetto materico e architettonico ben riuscito. Ma quel che conta "un progetto di vita ben riuscito" di cui tutti siamo fieri.

Ing. Elisa Portigliatti
Mapei S.p.A.

Tradition and innovation: the pisé

The instant I learned that I would be taking part in the construction of this hospital has remained impressed in my memory. What task would they entrust me with? Which resins, cements or special products would I be using? I was astonished when I realized that the chosen building material was to be clay and the building technique pisé (rammed earth). I was seized by a new joy: finally I would build with natural yet innovative materials. Dealing with an ancestral material brought me a taste of "the salt of the earth" (like the title of Wim Wenders' film about the life of Sebastião Salgado). I wondered which additive we should give the clay to make it durable in the climate of Uganda, which gets heavy rainfall. I couldn't stop thinking about it, and certainly, at least initially, the interest of Dr. Giorgio Squinzi troubled me. He summed up the importance of the project by saying "Elisa, this is a life project. Never forget this." Those words, though at first they were intimidating, soon galvanized me and I passed on feeling of elation to my colleagues, involving enthusiastically in the project. And so the adventure took shape: we brought all our best skills to the table of ideas, and together we developed solutions.

In particular, we had to respond to a specific need: to use the greatest quantity of clay possible, to make the most of an available local resource. For this purpose, an experimental program was prepared at the Mapei laboratories to go beyond the limit of 35% clay recommended in the scientific literature. In addition, it was expressly required that the material be durable and in particular resistant to rain. Finally, the structural designers wanted a mechanically stronger material than traditional rammed earth. So our requests were very ambitious. The researchers met the challenge with a sustainable solution with a low environmental impact. They formulated a geopolymer modified by using a polycarboxylic additive, called Mapesoil, which produced rammed earth with a clay content of 50%, increasing the proportion by approximately 45% compared to that normally used for this construction technique. Our first request was fulfilled. Then the carboxylic polymer made it possible to improve the compactability of the earth, obtaining density values on average superior to 2100 kg/m^3, increasing this property by about 20% as compared to traditional rammed earth. The increase in density, a result of the smaller volume of voids, enabled us to obtain rammed earth with a mechanical compressive strength on site of approximately 8.5 MPa, or roughly 70% higher than the resistance values achievable with the traditional material. In this way, our second request was also satisfied. One last goal remained: to make the raw clay resistant and durable to the action of water. Obviously without altering the aesthetic of the walls, using a product that would also be safe for the health of the applicators during construction and of staff and patients when the hospital was in use. This meant excluding film-forming coatings applied to the walls that would have altered their aesthetic. Mapei's researchers identified a surface treatment (called Mapecrete Creme) based on a dual molecule compatible with raw clay, but at the same time with hydrophobic properties. Basically, the challenge was to make clay, notoriously a highly hydrophilic material, resistant to the action of rain. Then the silane-based treatment identified had healthful characteristics due to the total absence of solvents. At this point it was necessary to assess effectiveness of this treatment against water. In this case, the researchers had to fill a gap in the scientific literature, given that no standard was available to verify the resistance of raw clay to water. A completely innovative and original test (Rainfall Erosion Test) was developed in the Mapei laboratories, which subjected the raw clay samples for one hour a day and for 7 days to simulated heavy rainfall (6 liters of water per minute). At the end of the test, the mass loss was

measured both on raw clay specimens treated with Mapecreme and on untreated ones (the latter made with and without Mapesoil). The result achieved thanks to the combined use of Mapesoil and Mapecrete Creme was truly excellent, recording a negligible and physiological mass loss of just 0.8% for raw clay.

The specimens made with only Mapesoil also recorded a very modest mass loss (2.9%) if compared with that of the traditional specimens of rammed earth, which by the end of the simulated rain cycle had crumbled badly with a mass loss of 50%. The third challenge had also been successfully met. However, we were afraid that the excellent results obtained might not withstand scaling up from the laboratory to the building site. So it was decided to conduct a field test by making a full-scale raw clay wall to check the laboratory results on the spot.

The tests confirmed the feasibility of the chosen technique. Adding Mapesoil ensured high productivity that would enable the hospital to be built in a relatively short time. After building the wall, the researchers carefully examined its elasto-mechanical properties by measuring both the dynamic elastic modulus with the ultrasound instrument and the density and compressive/tensile strengths of the raw clay. The average values of the elastic modulus

(> 10 GPa), of density (> 2100 kg/m^3), of mechanical compressive strength (> 8 MPa) and indirect tensile strength (> 0.35 MPa) faithfully reproduced the results obtained in the laboratories, confirming that the solution was also sustainable from when built. Now it was possible to proceed with construction of the full-scale model directly in Entebbe.

Our excitement and satisfaction were sky high. And even more so during the visit to Uganda for the laying of the first stone. The sight of Renzo Piano, sitting by the wall designing the geometries and forms of the hospital, made me realize that the research conducted would not remain in the form of an experimental report filled with numbers and percentages, but take shape as a real hospital, in a project of great humanity.

A successful material and architectural project. But what counts is "a successful life project" that we are all proud of.

Elisa Portigliatti, Engineer
Mapei S.p.A.

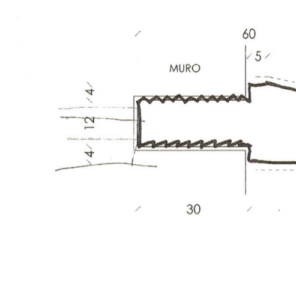

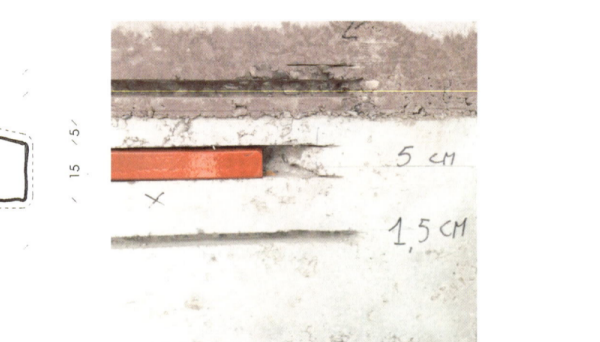

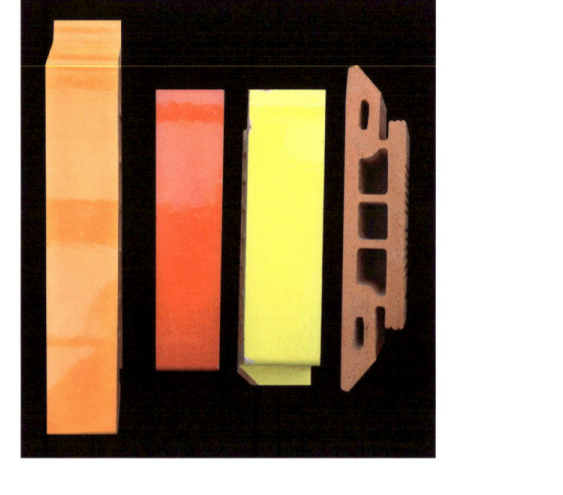

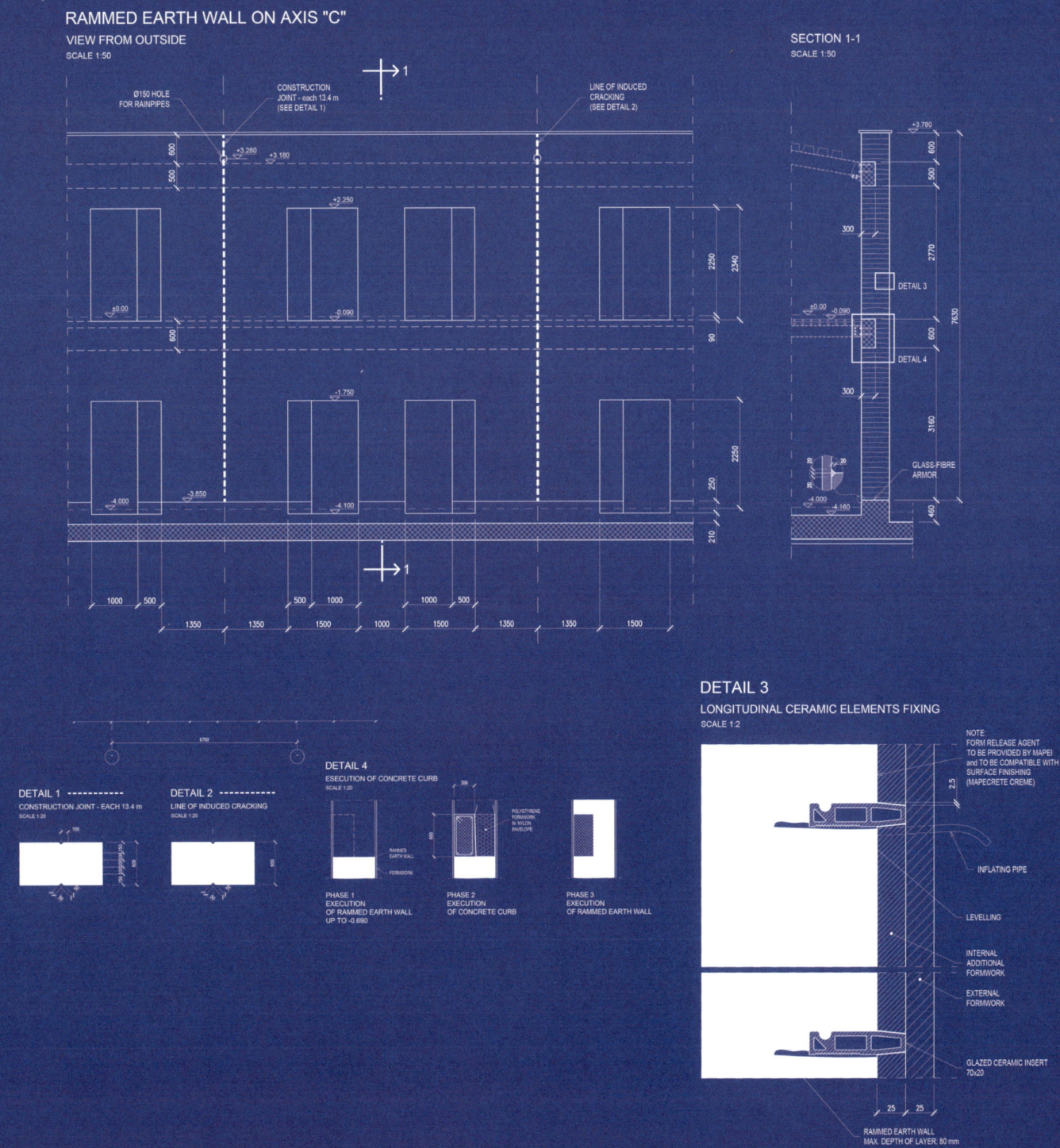

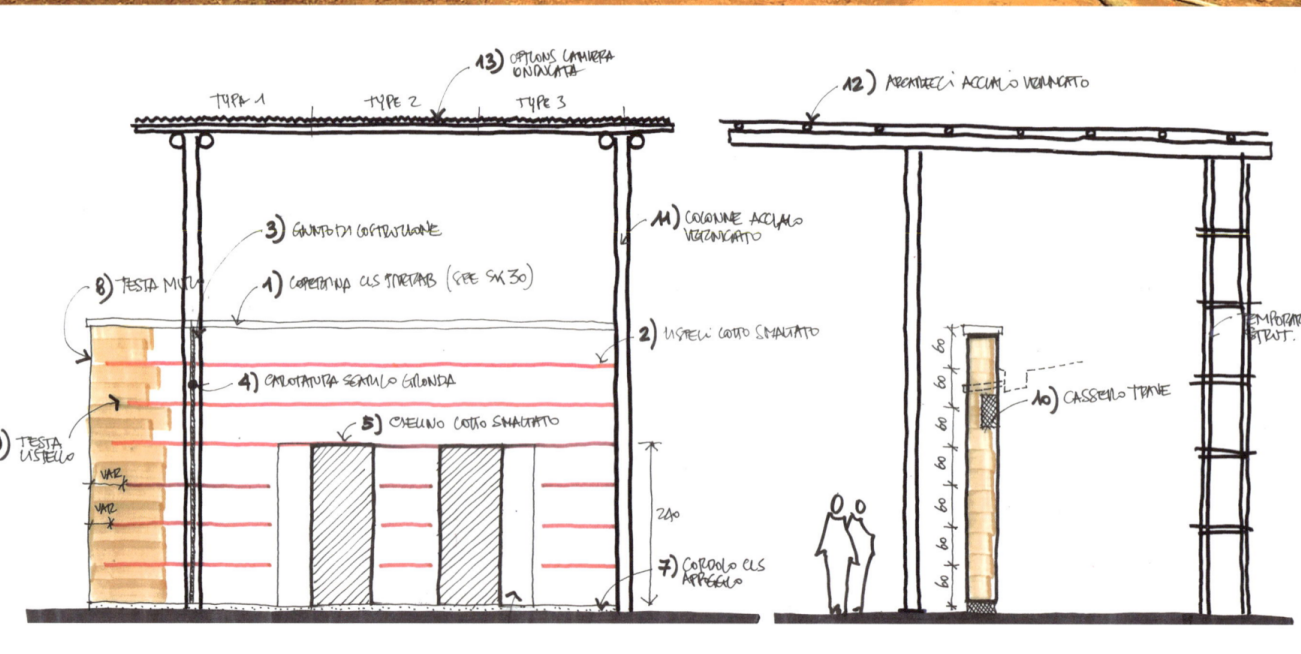

Prototipo realizzato a Maranello

Mockup made at Maranello
(Emilia-Romagna Region, Italy)

Ricordo ancora quando decidemmo di mettere un po' di terra in valigia e portarla in Italia, per iniziare la fase di studio della tecnica della terra cruda. Quando arrivammo in aeroporto, gli addetti alla sicurezza ci chiesero: "Cosa dovete fare con questa terra?"

La risposta ce l'avevamo già: "Dobbiamo costruire un ospedale".

I still remember when we decided to pack some earth into a suitcase and take it back to Italy, to start studying the raw earth technique. When we arrived at the airport, the security officers asked us, "What are you going to do with this soil?"

We already had the answer: "We have to build a hospital."

Raul Pantaleo, Co-fondatore di TAMassociati
Raul Pantaleo, Co-founder of TAMassociati

TAMassociati è un team di architetti e designer, le cui soluzioni progettuali in tutto il mondo mirano a migliorare la qualità dei luoghi, rafforzare le comunità e fornire risposte creative ai cambiamenti climatici: combinando l'alta qualità dei risultati all'economia delle soluzioni. L'etica progettuale di TAM può essere quindi riassunta nell'idea di generare Impatto positivo sui contesti fisici e sociali attraverso il design. A livello internazionale, TAMassociati promuove un'architettura sostenibile e socialmente equa.

TAMassociati is a team of architects and designers, whose building solutions worldwide improve lives, strengthen communities and provide creative responses to climate change: combining high quality with affordability. The firm's design ethos can be summed up as Innovative design for Impact. Internationally, TAMassociati works on sustainable and socially equitable architecture.

Il cantiere, gestito direttamente da Emergency, è durato tre anni. Le strutture in cemento armato e ferro sono state appaltate a una ditta locale, mentre gli impianti, le finiture, le luci, i generatori e il condizionamento sono stati affidati ad aziende italiane. Il cantiere ha visto impegnate circa 200 persone di staff locale che sono state poi assunte dall'ospedale, nei reparti di pulizia e manutenzione, e 50 espatriati.

Construction work, managed directly by Emergency, lasted three years. The reinforced concrete and iron structures were contracted out to a local company, while the systems, finishes, lights, generators and air conditioning were entrusted to Italian companies. Construction involved some 200 local staff who were then taken on by the hospital for the cleaning and maintenance departments, and 50 expats.

Le strutture interrate di fondazione sono formate da platee sormontate da muri perimetrali in calcestruzzo armato. La durabilità è garantita dall'utilizzo di speciali membrane impermeabilizzanti, che sostituiscono il vespaio areato, non indicato a questa latitudini. Le superfici interne sono coibentate con pannelli di poliestere estruso a pavimento e parete. Le strutture interne, le pensiline di collegamento e la copertura sono in carpenteria metallica. Le colonne e le travi sono profili e tubi standard, gli impalcati in lamiera grecata con getto collaborante.

The foundation structures embedded in the ground are consist of slabs surmounted by the outer walls in reinforced concrete. Durability is ensured by the use of special waterproofing membranes, which replace the ventilated crawl space, which is unsuitable at this latitude. The internal surfaces are insulated with extruded polyester panels on floors and walls. The internal structures, connecting canopies and the roof are in structural metalwork. The columns and beams are standard profiles and tubes, the decking is a composite slab of concrete fill over corrugated sheet metal.

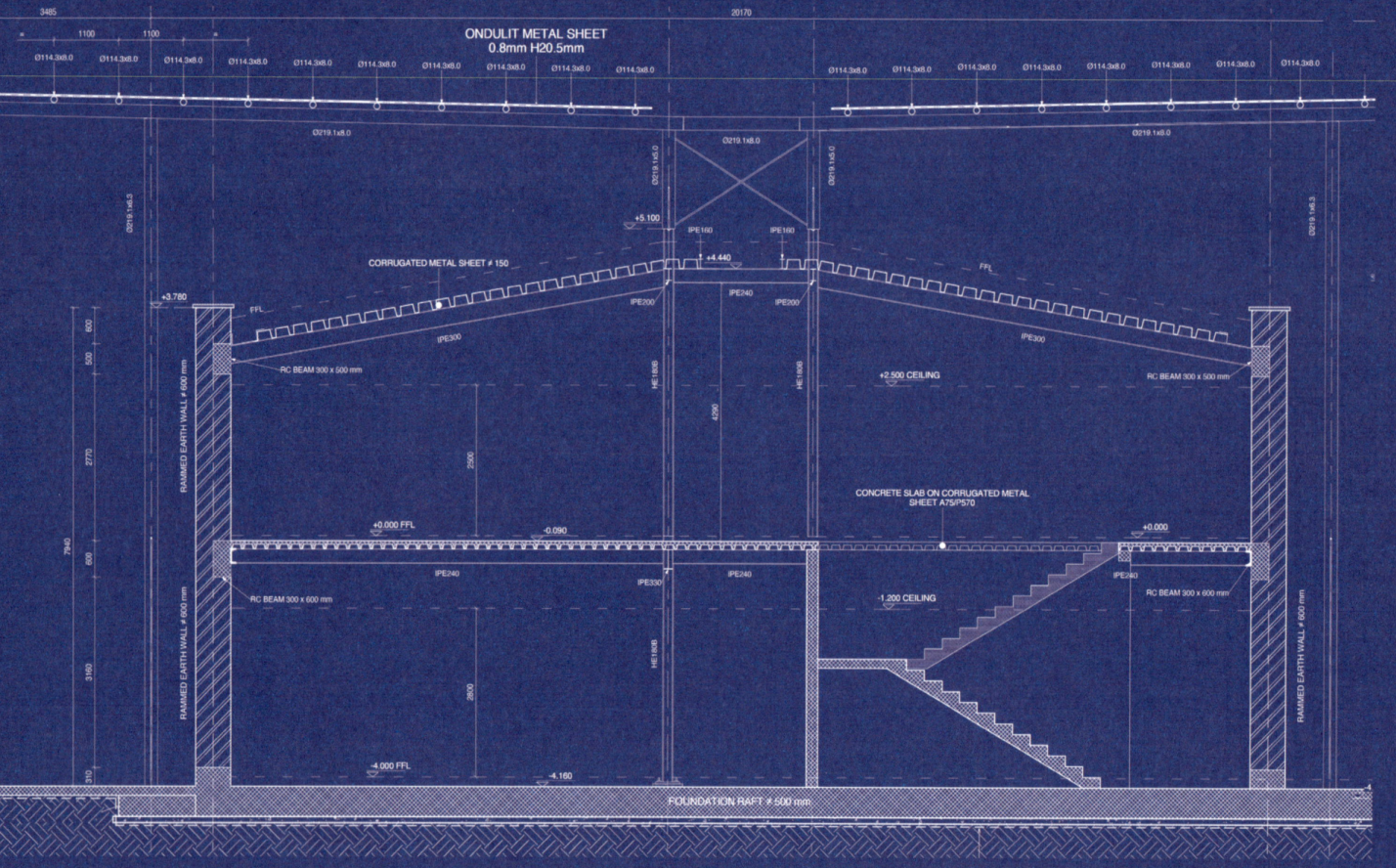

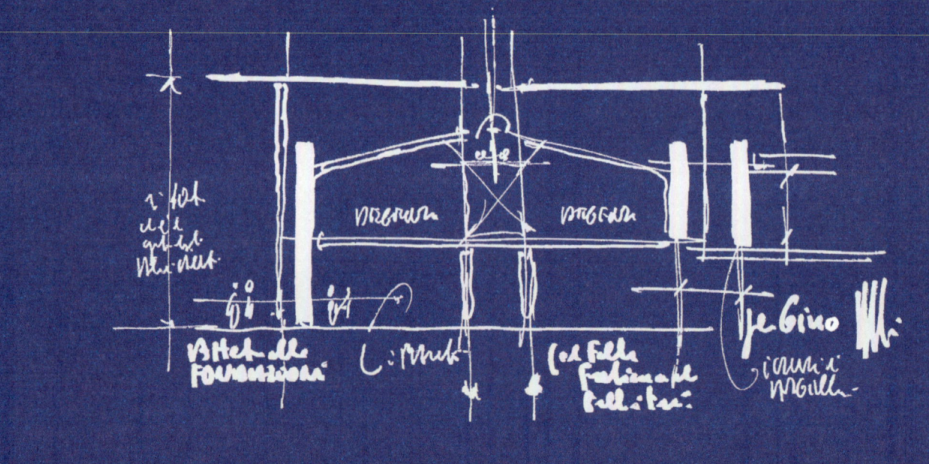

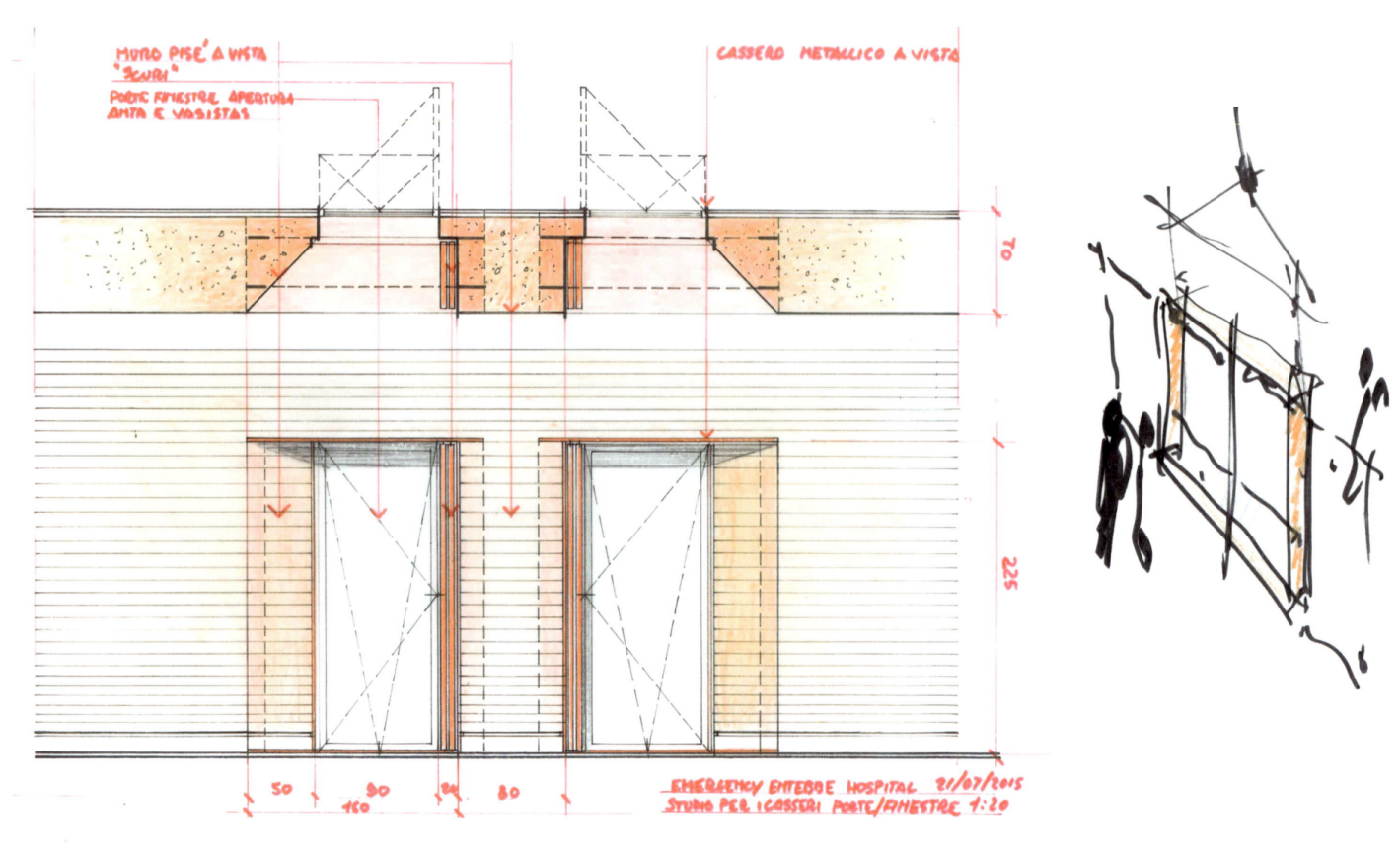

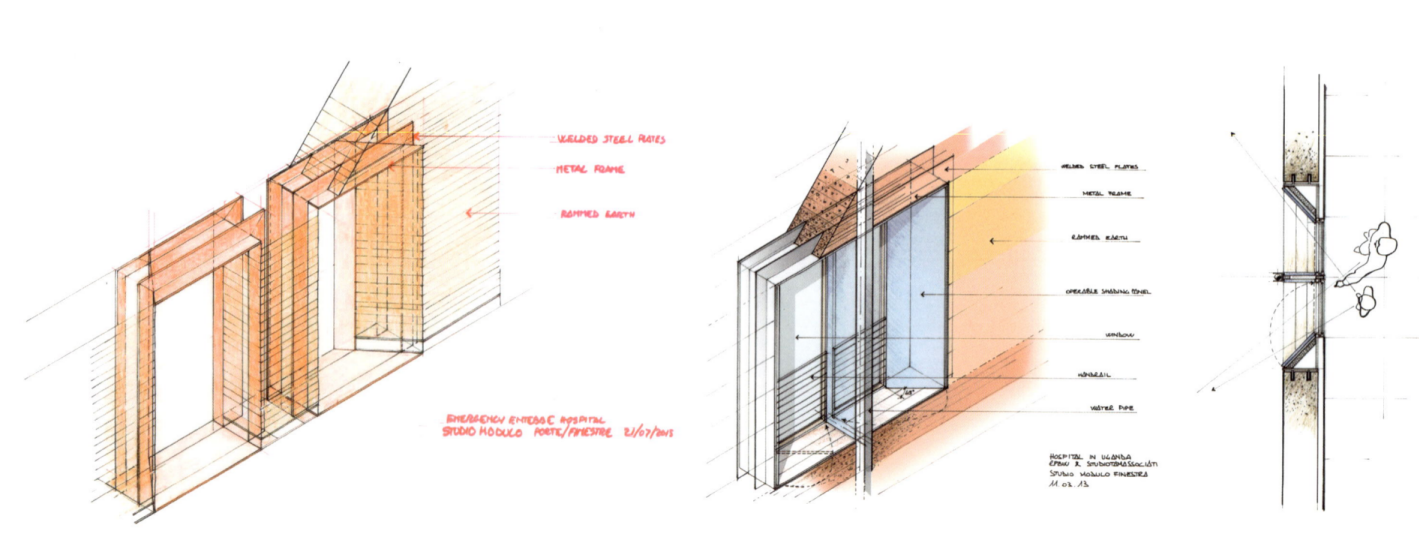

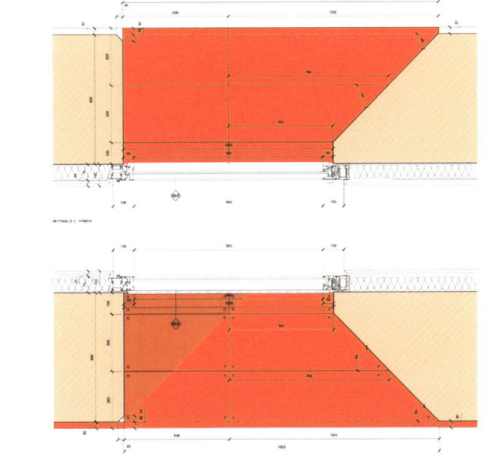

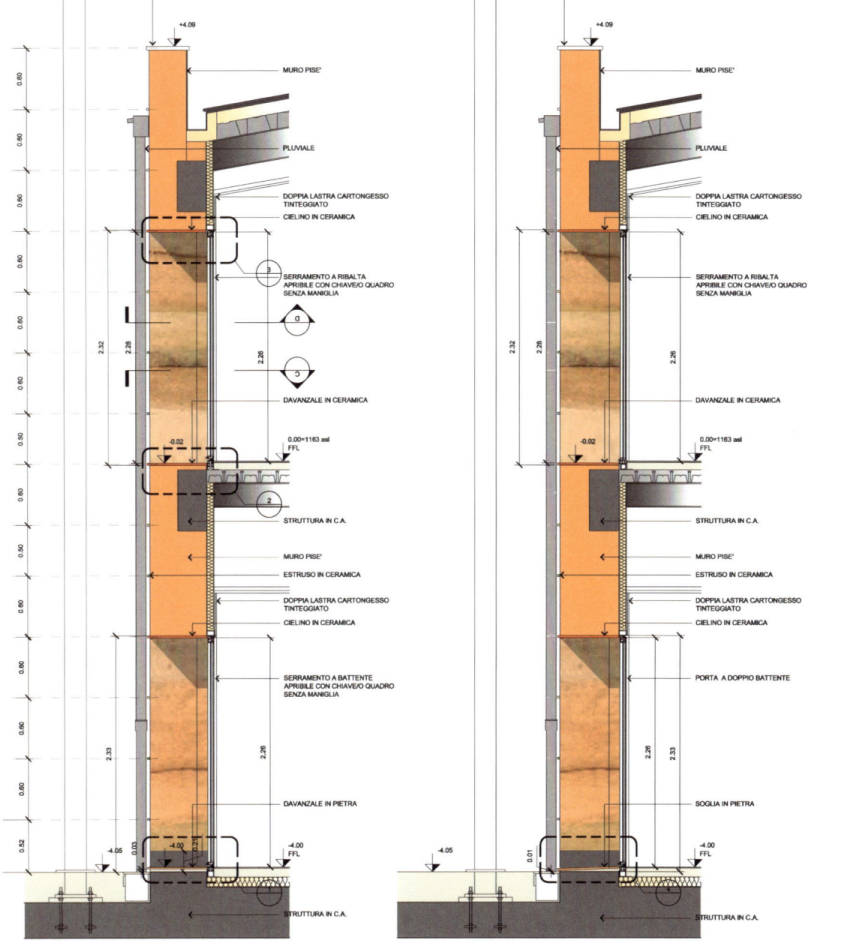

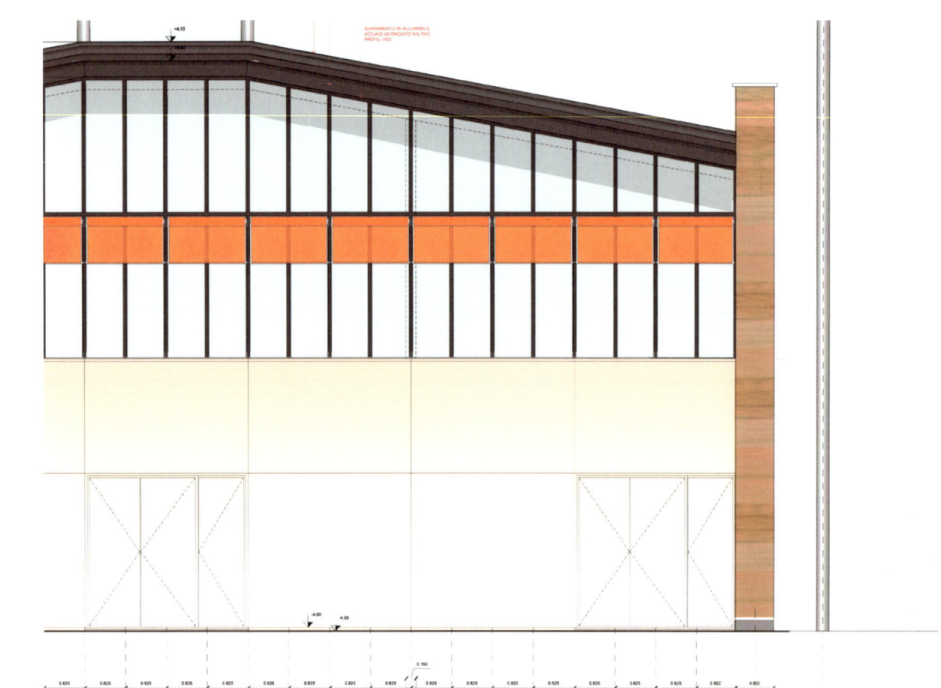

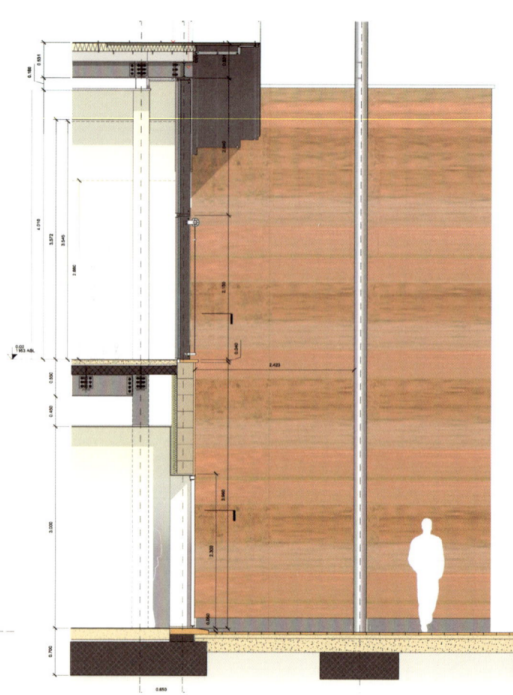

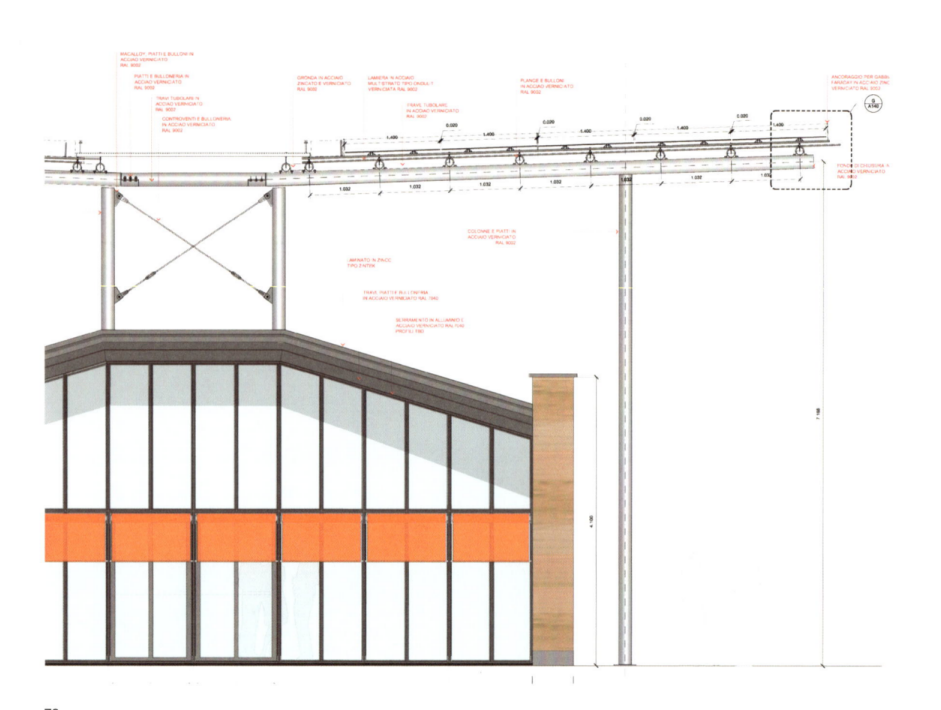

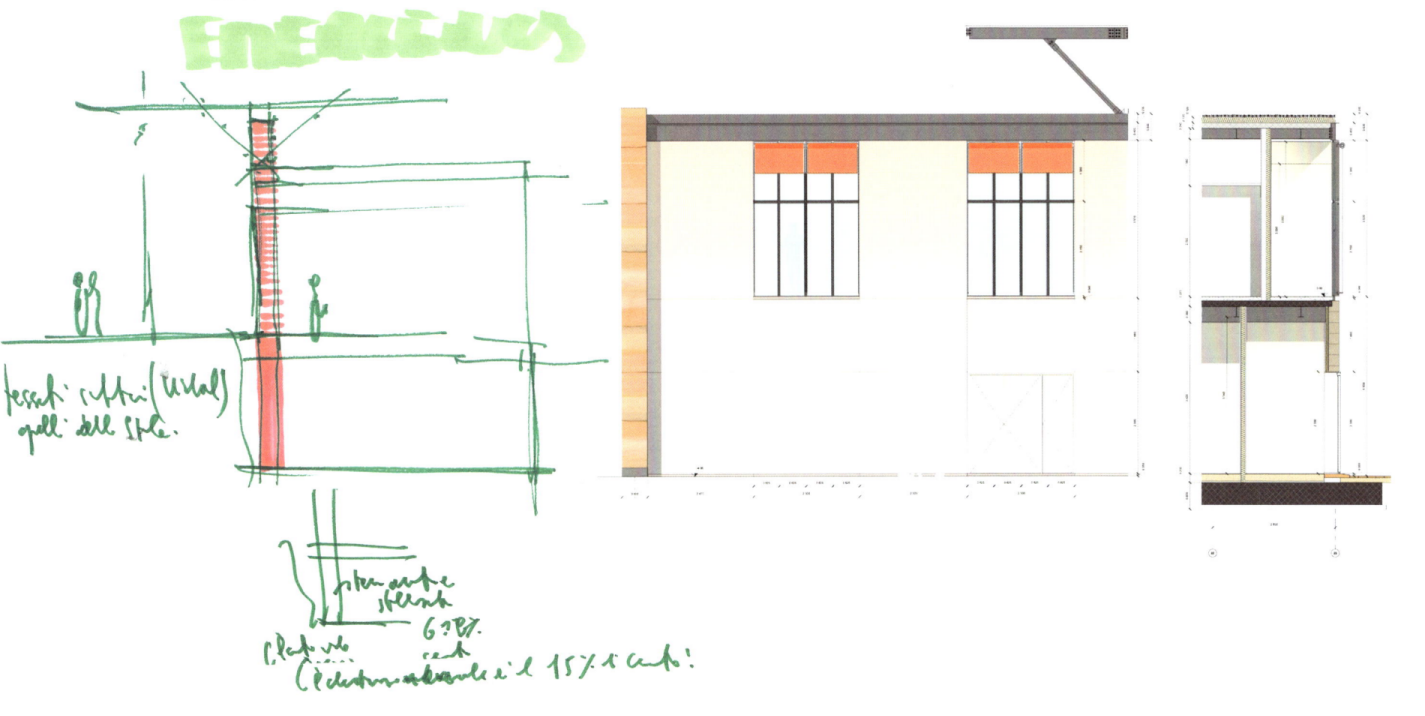

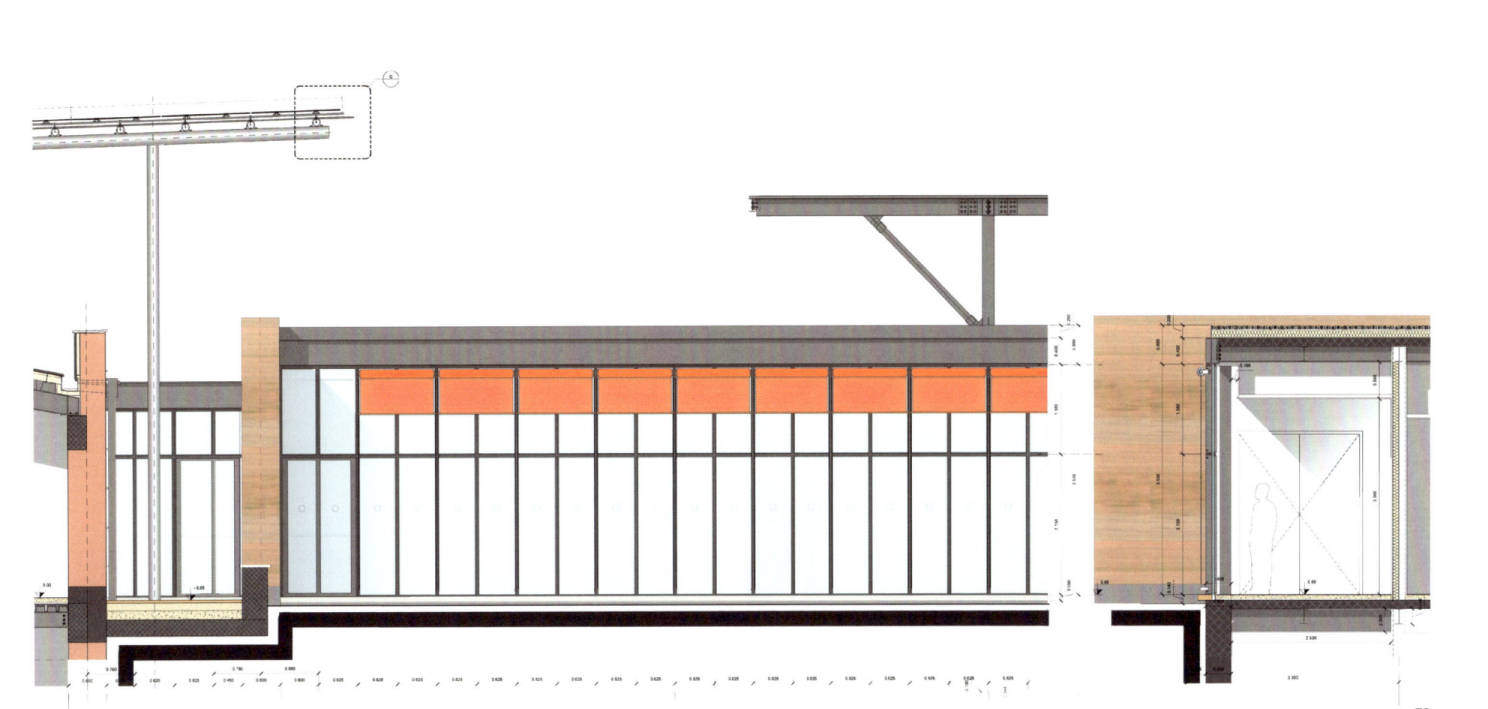

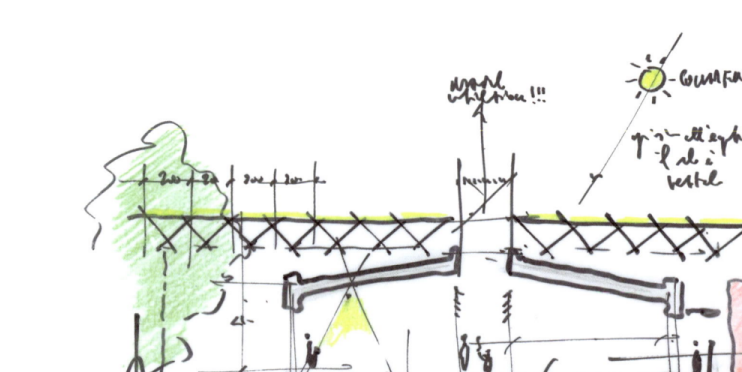

La copertura è in carpenteria metallica. È costituita da due elementi sovrapposti. Il primo ha funzione di chiusura termica, di tenuta all'acqua e all'aria ed è rivestito in zintec, una lega di zinco e stagno. Il secondo, "l'ombrello", ha invece la funzione di proteggere l'edificio dalla radiazione solare, ed è interamente rivestito da 2.500 pannelli fotovoltaici. Tra i due c'è uno spazio variabile tra i due e i sei metri, che funge da zona di manutenzione.

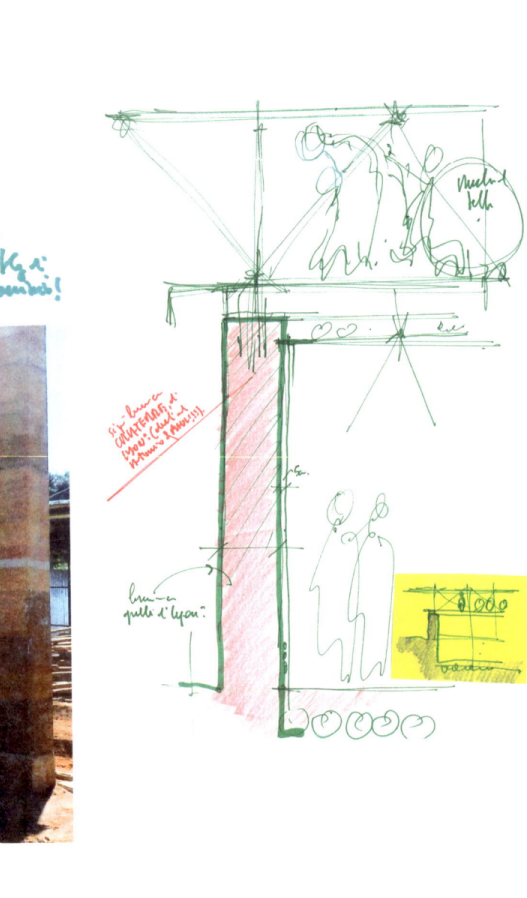

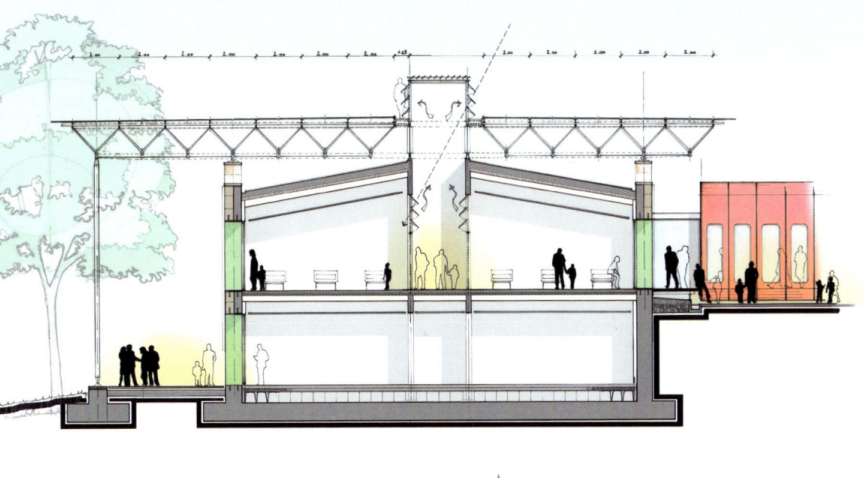

The roof is in structural metalwork. It consists of two overlapping elements. The first has the function of thermal closure, ensuring being watertight and airtight, and is clad with zintec, a zinc-tin alloy. The second, "the umbrella", protects the building from solar radiation and is wholly covered with photovoltaic panels. Between the two there is a space ranging between 2 and 6 meters, which serves as a maintenance area.

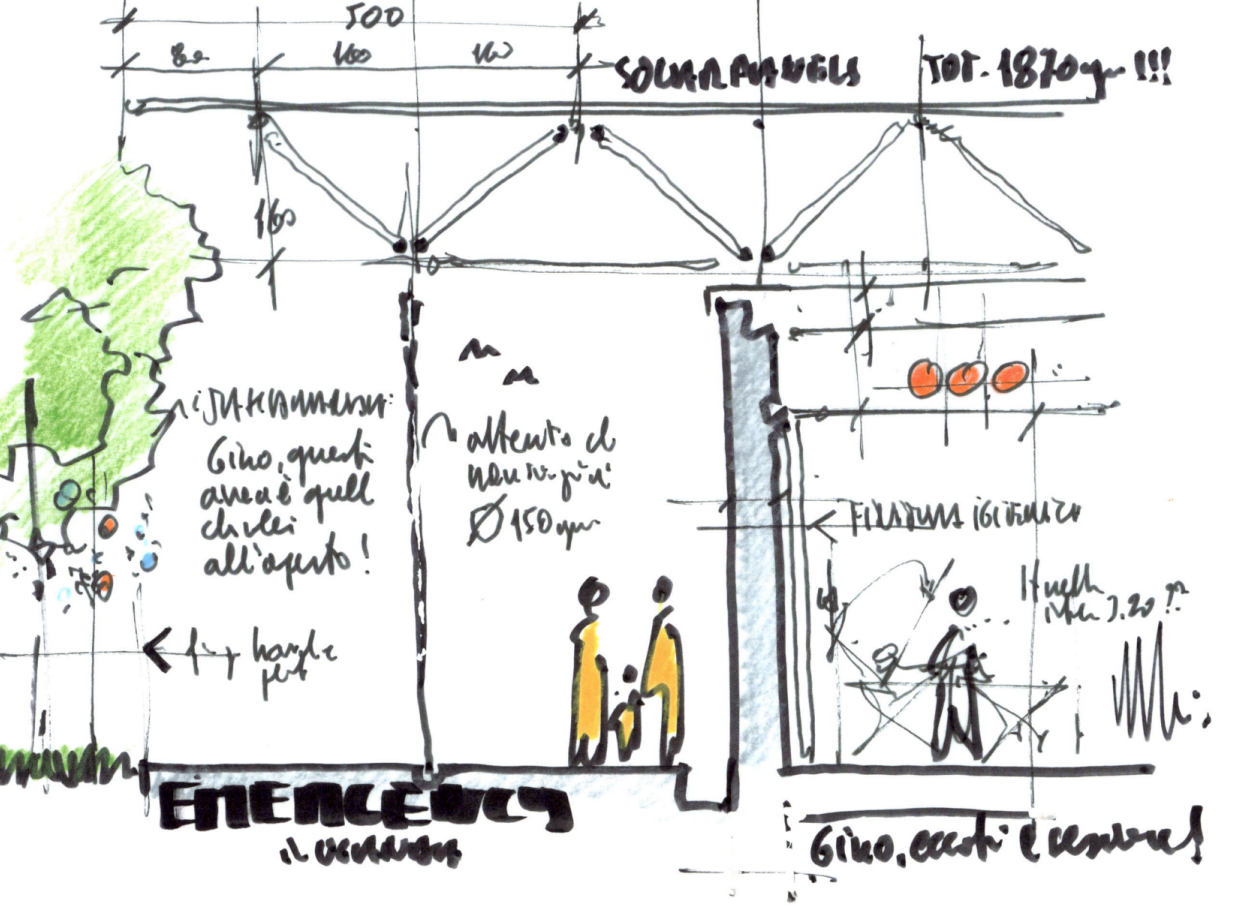

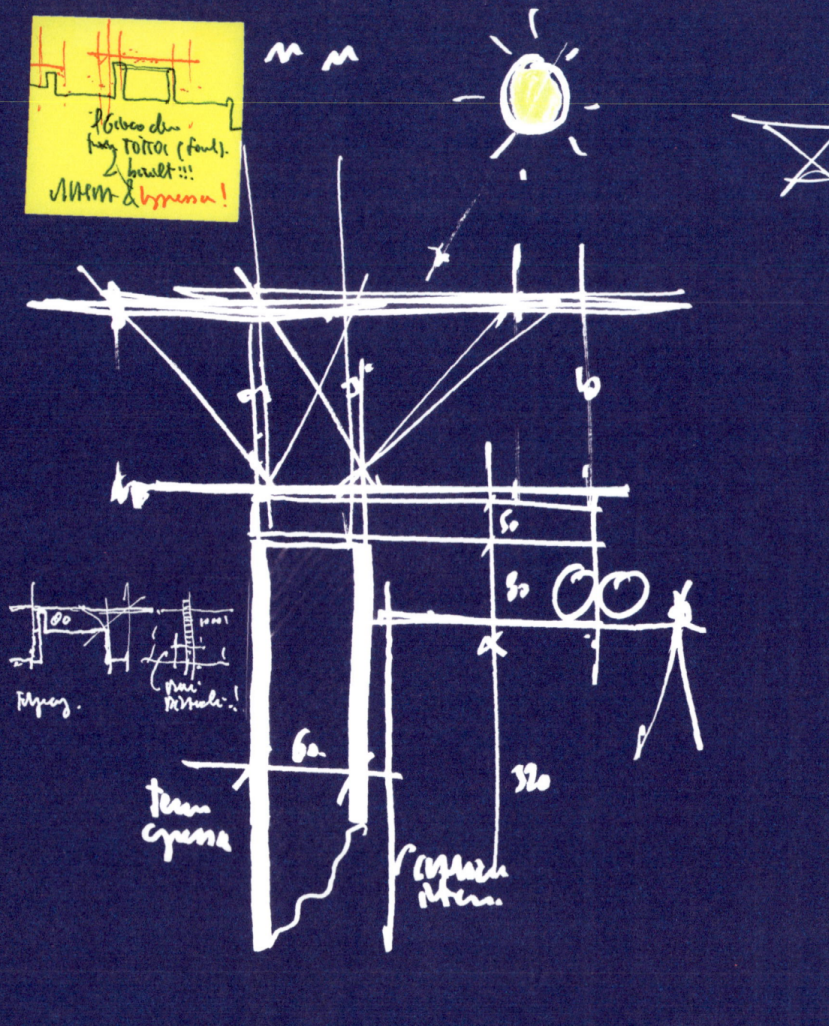

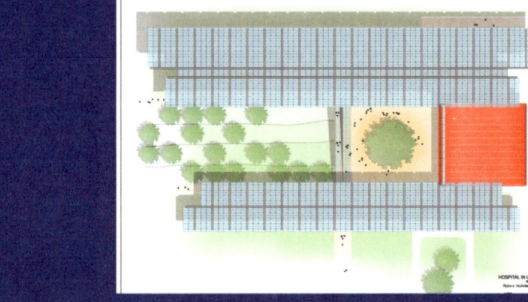

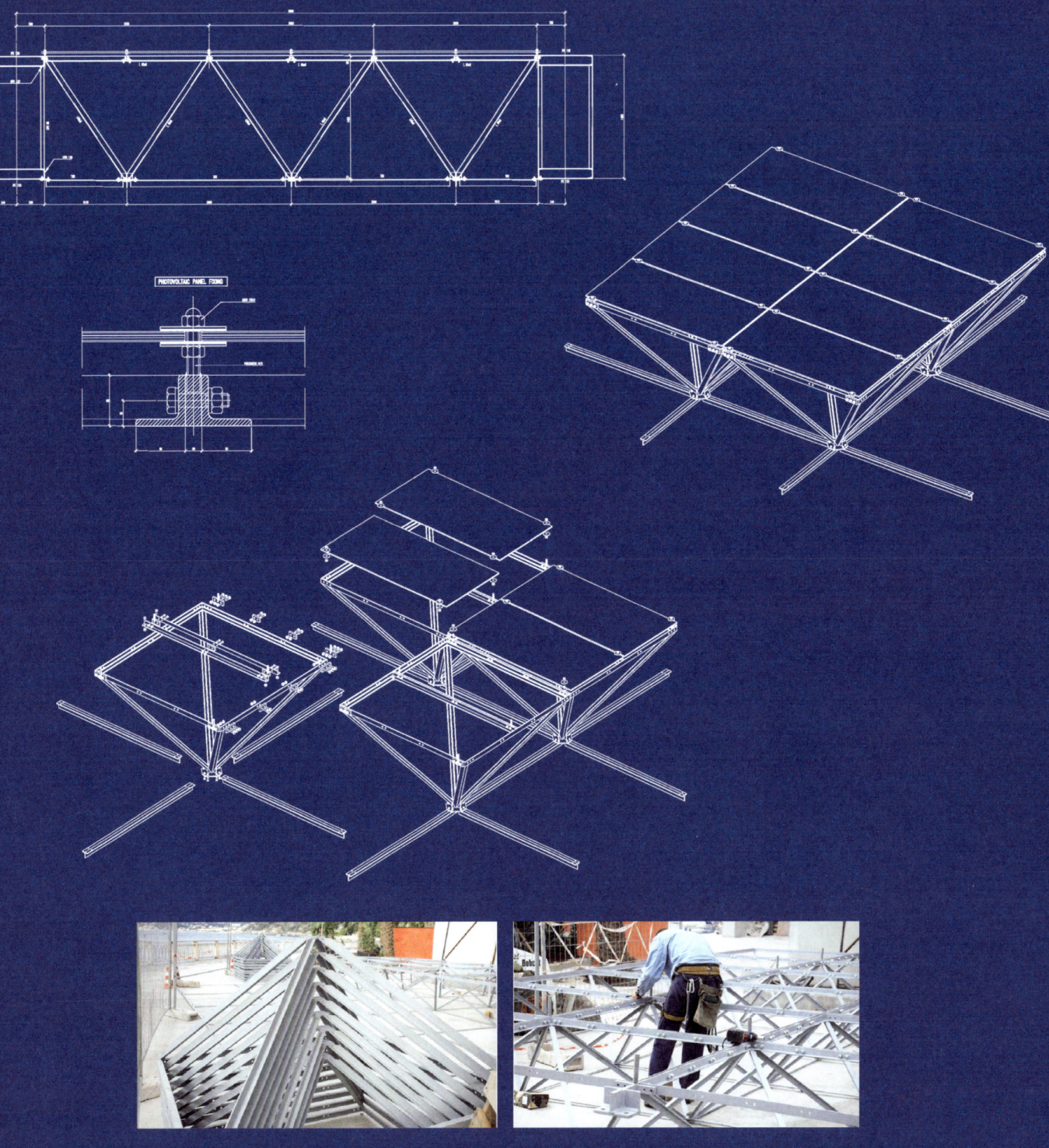

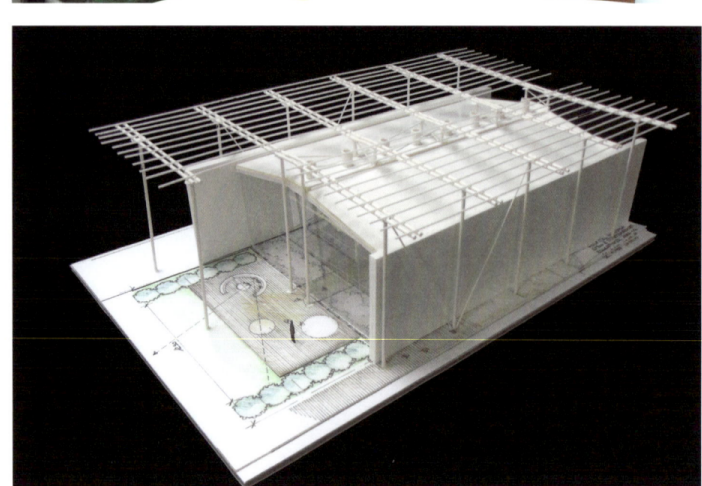

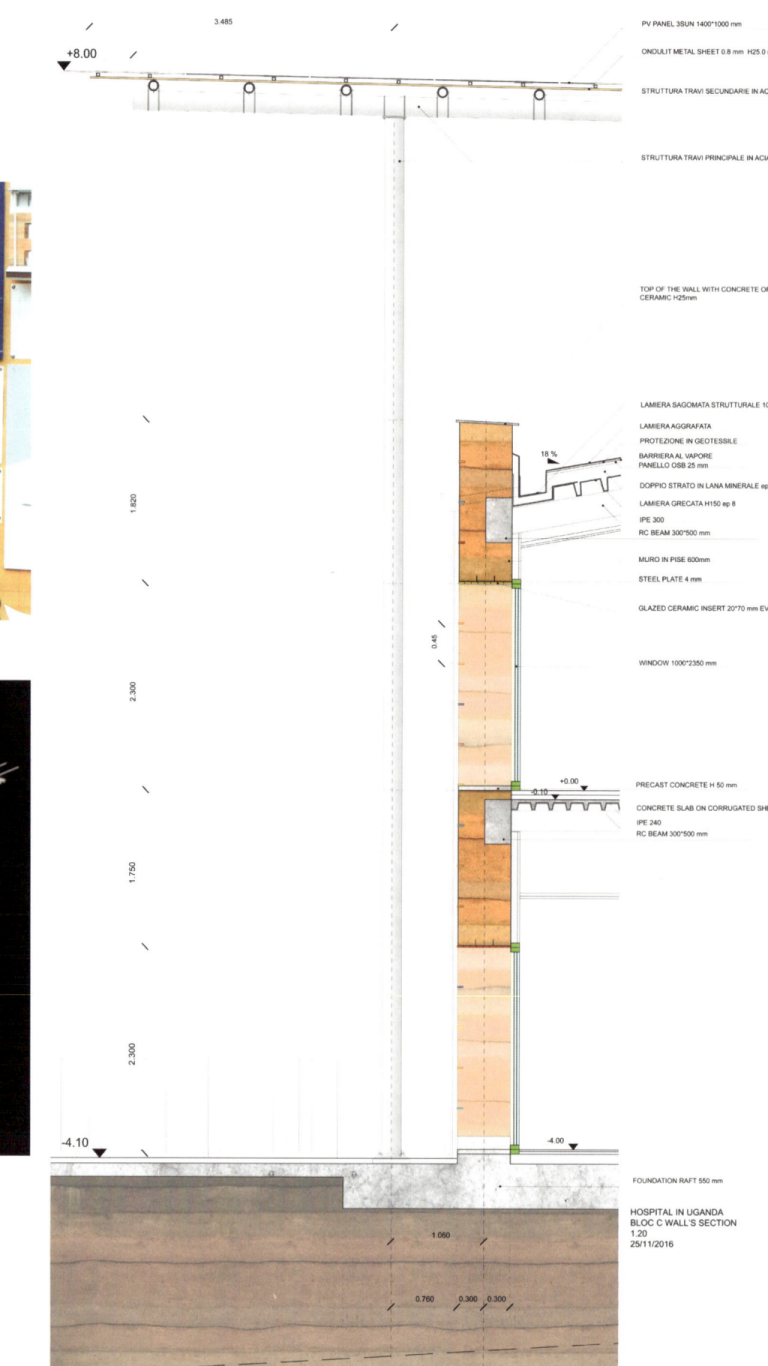

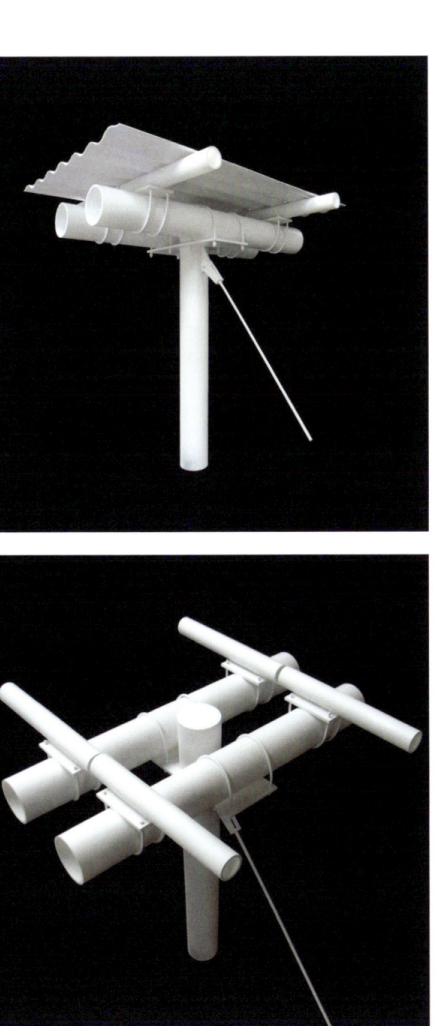

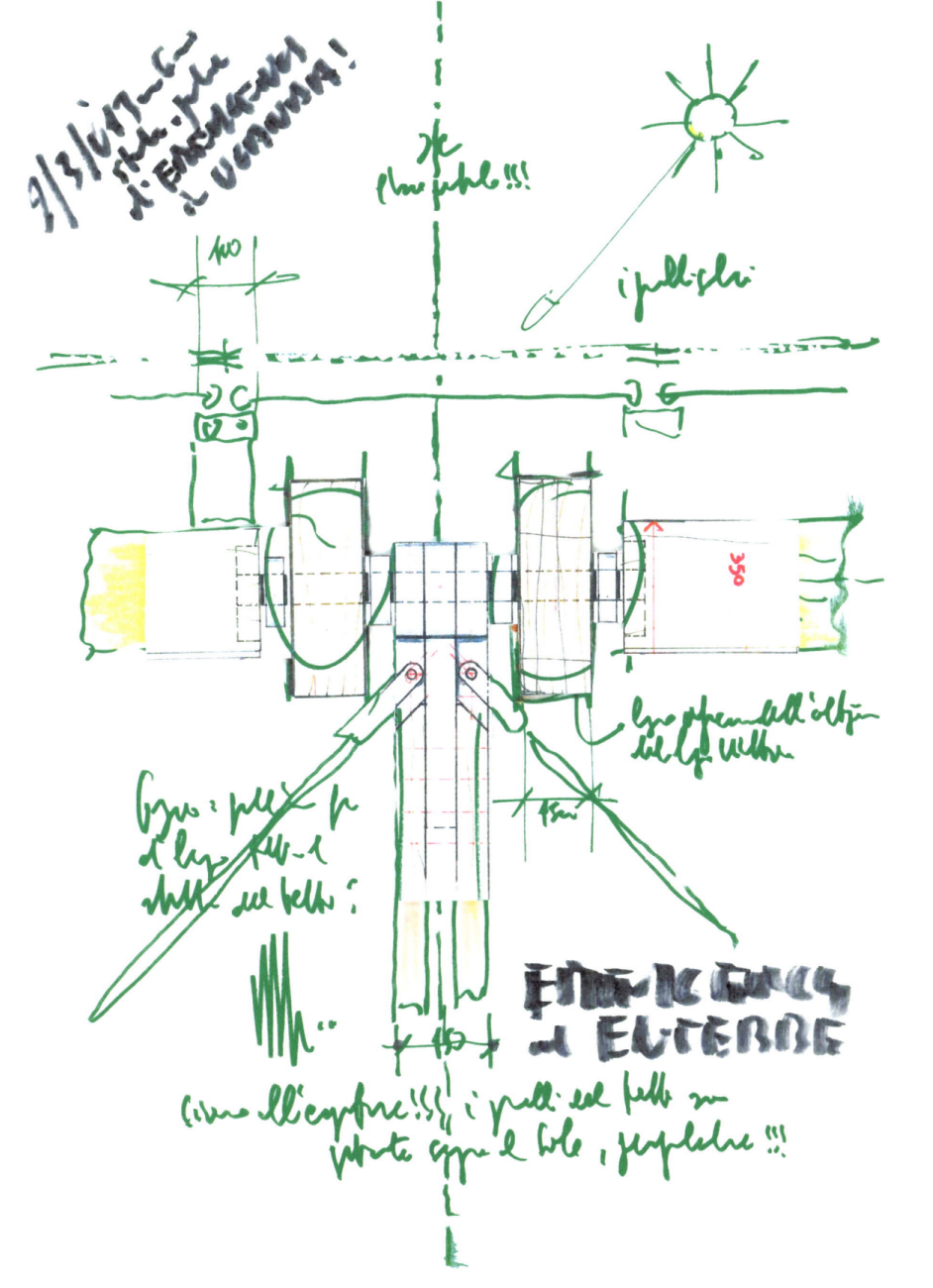

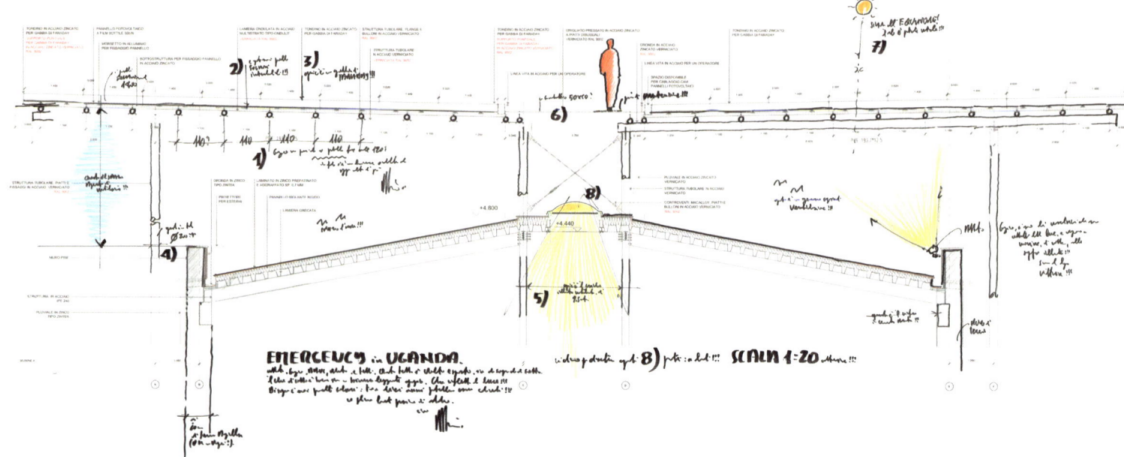

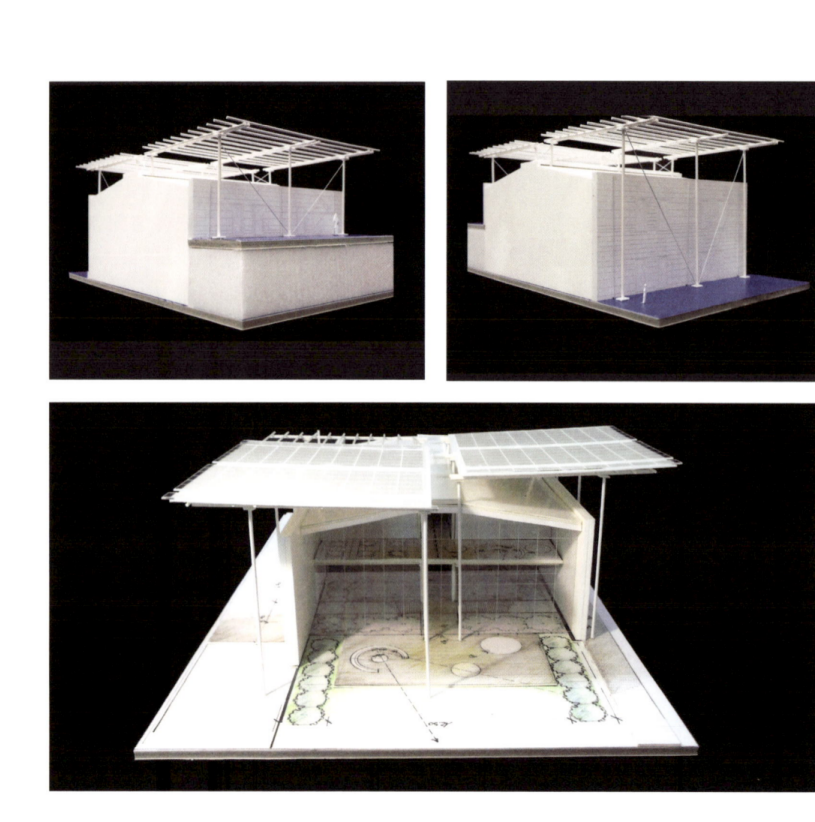

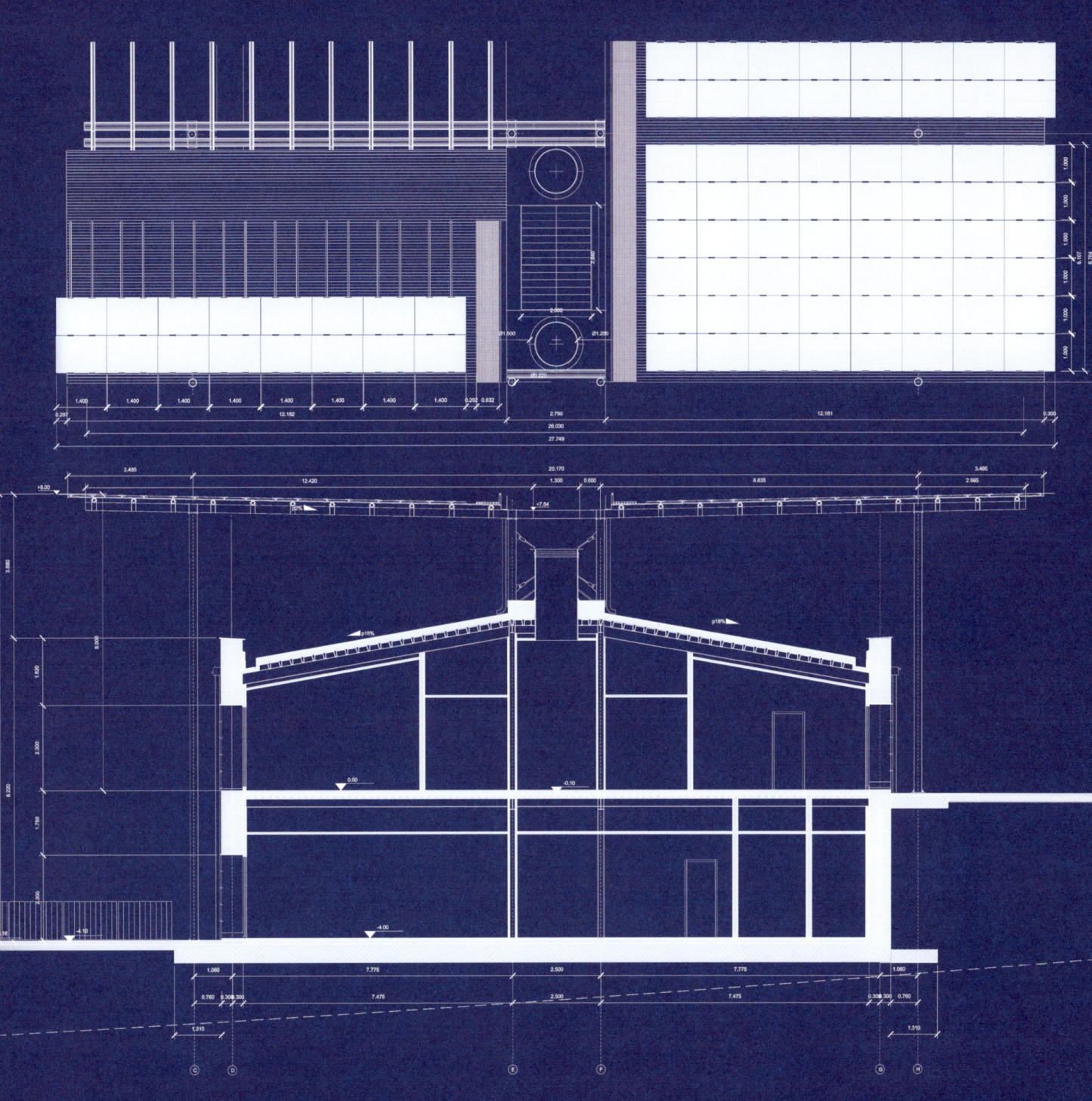

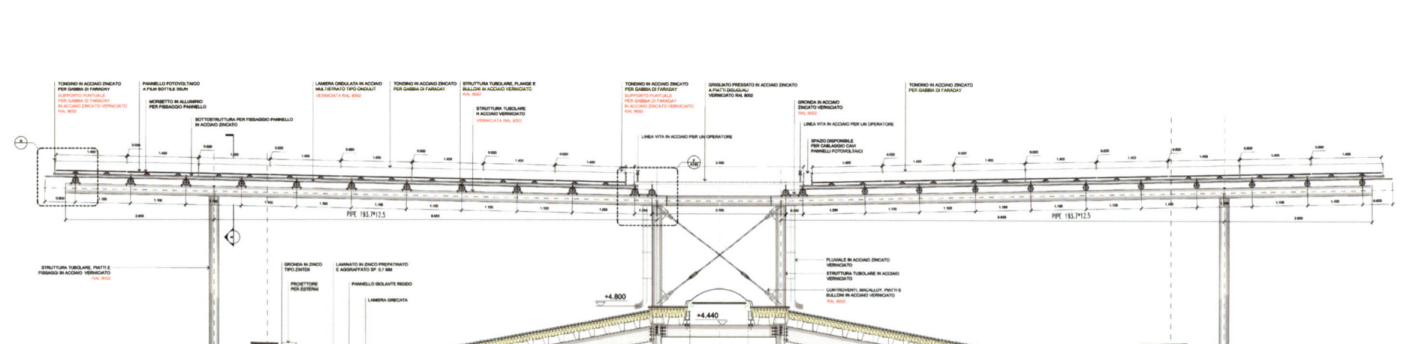

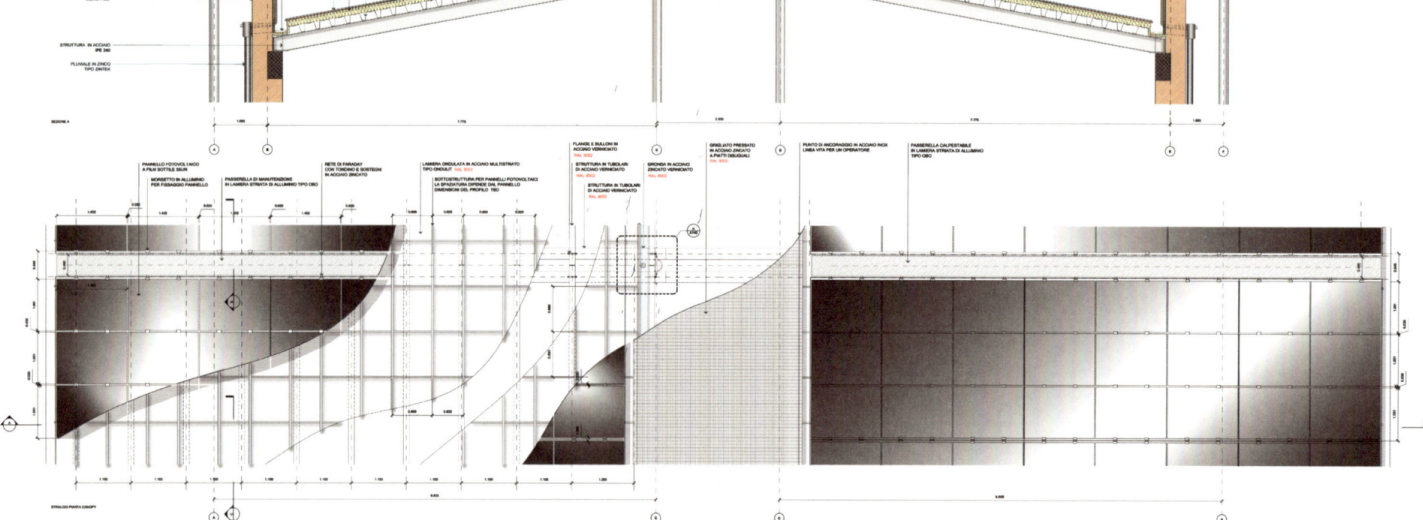

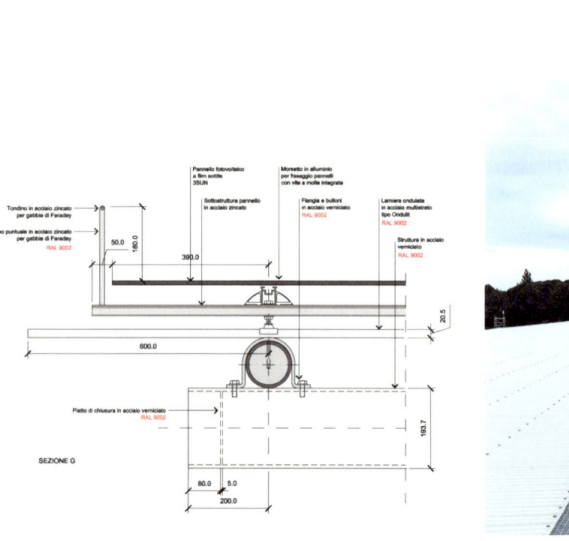

L'ospedale è agganciato alla rete elettrica nazionale, e dispone di un impianto da 2.500 pannelli fotovoltaici, circa 3.000m^2 di superficie, per sfruttare le medie da 12 ore di luce diurna e 7 di sole al giorno costanti per tutto l'anno su Entebbe. Il fabbisogno complessivo dell'ospedale è di 750 KW, con i pannelli se ne ricava oltre un terzo, dai 275 ai 300 KW.

The hospital is connected to the national electricity grid, and has a system of 2,500 photovoltaic panels, with about 3,000m^2 of surface area, to take advantage of the averages of 12 hours of daylight and 7 of sunshine per day constant all year round at Entebbe. The hospital's overall requirement is 750 KW, with panels producing over a third, from 275 to 300 KW.

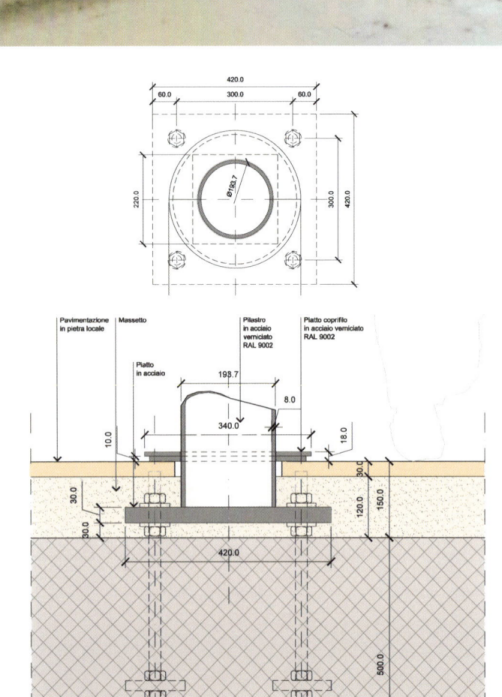

La copertura principale al di sotto dei grandi ombrelli è caratterizzata da un tetto a due falde con un tratto centrale piano. In questo tratto si distribuiscono i lucernari che danno luce zenitale agli spazi distributivi. Grazie alla ventilazione naturale tra le due coperture, il calore trasmesso per irraggiamento non raggiunge l'edificio, e in questo modo contribuisce al risparmio energetico in fase di raffrescamento.

The main roof under the large umbrellas is a gable roof with a flat central section. In this section the skylights are placed, shedding zenithal light in the distribution spaces. Thanks to the natural ventilation between the two roofs, the heat transmitted by radiation does not reach the building, and in this way it improves energy-saving in the cooling phase.

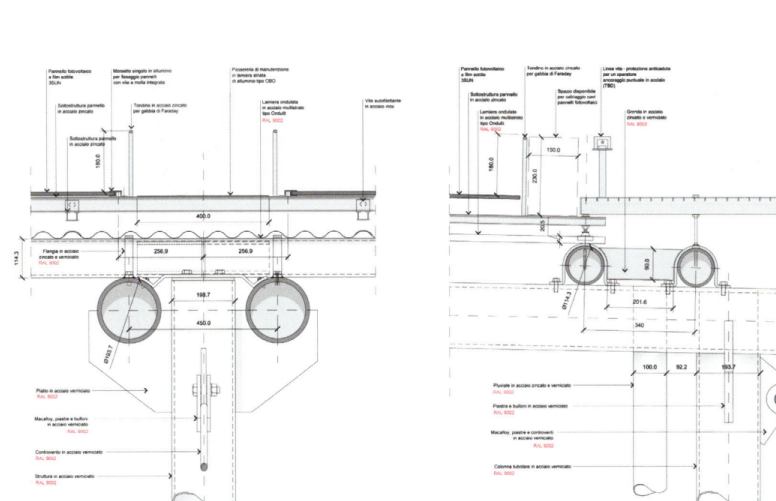

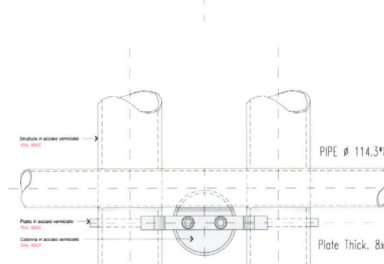

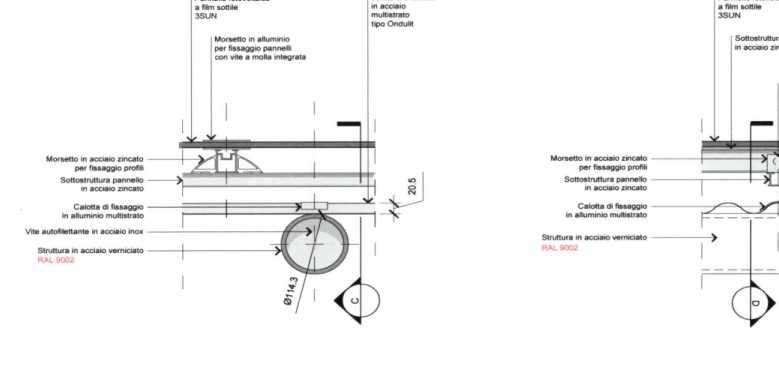

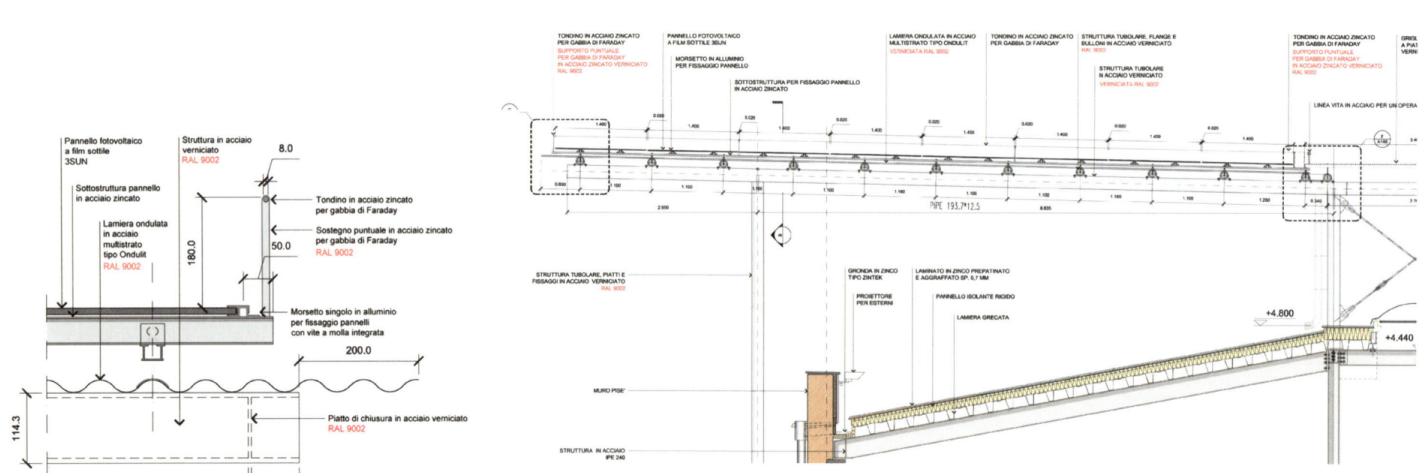

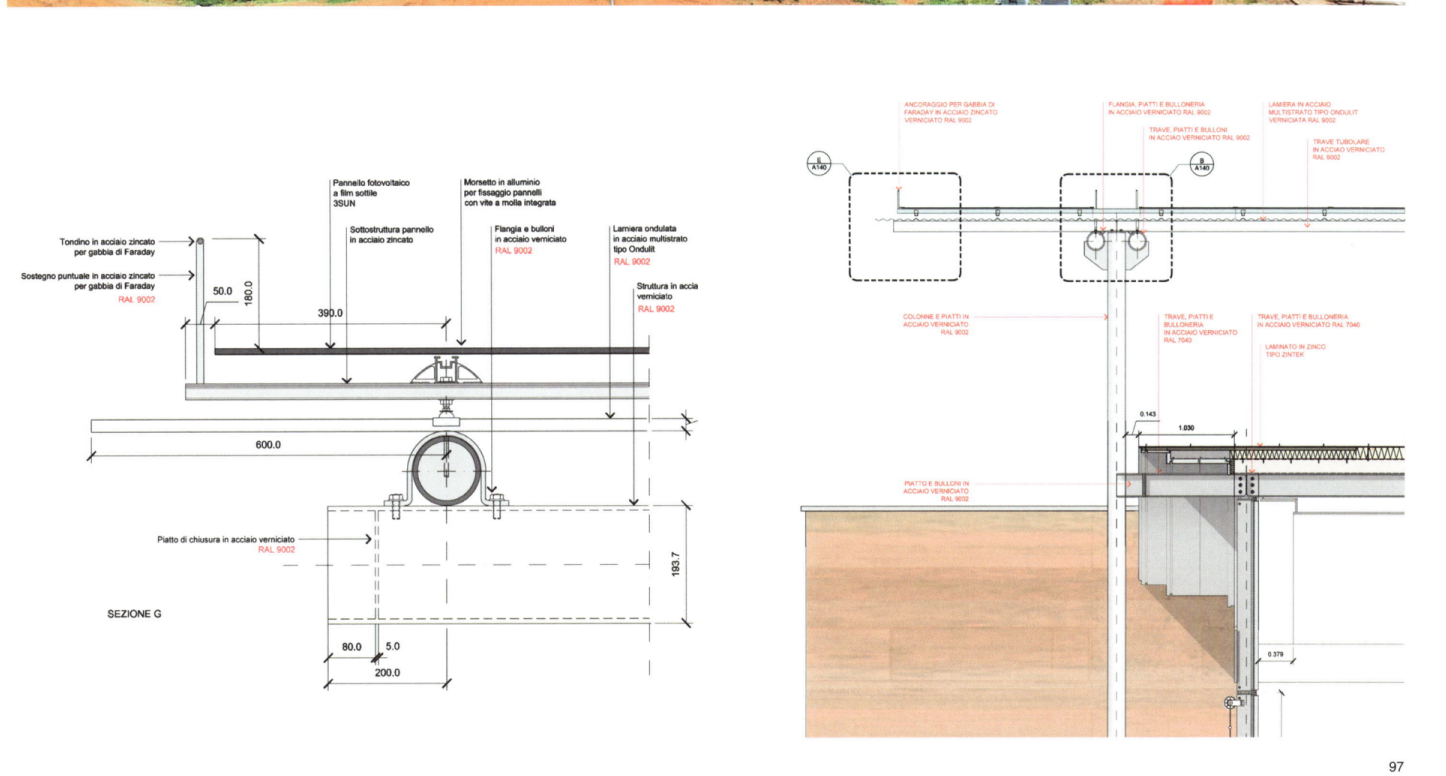

CHILDREN'S SURGICAL HOSPITAL

L'Ospedale dei bambini occupa una superficie di 9.700 m^2, con 3 sale operatorie e 72 posti letto: 6 in terapia intensiva, 16 in terapia subintensiva, 50 in reparto. Ha poi un reparto di osservazione e stabilizzazione, sei ambulatori, un centro diagnostico, un laboratorio per analisi, una banca del sangue, una farmacia e tutti i servizi ausiliari, come mensa e lavanderia. La guesthouse ha 36 posti, riservati ai genitori e parenti che provengono da luoghi lontani.

The Children's Hospital occupies an area of 9,700 m^2, with 3 operating rooms and 72 beds: 6 in intensive care, 16 in sub-intensive care, 50 in the ward. It also has an observation and stabilization department, six clinics, a diagnostic center, analytical laboratory, blood bank, pharmacy and all ancillary services, such as a canteen and laundry. The guesthouse has 36 places, reserved for parents and relatives who come from a distance.

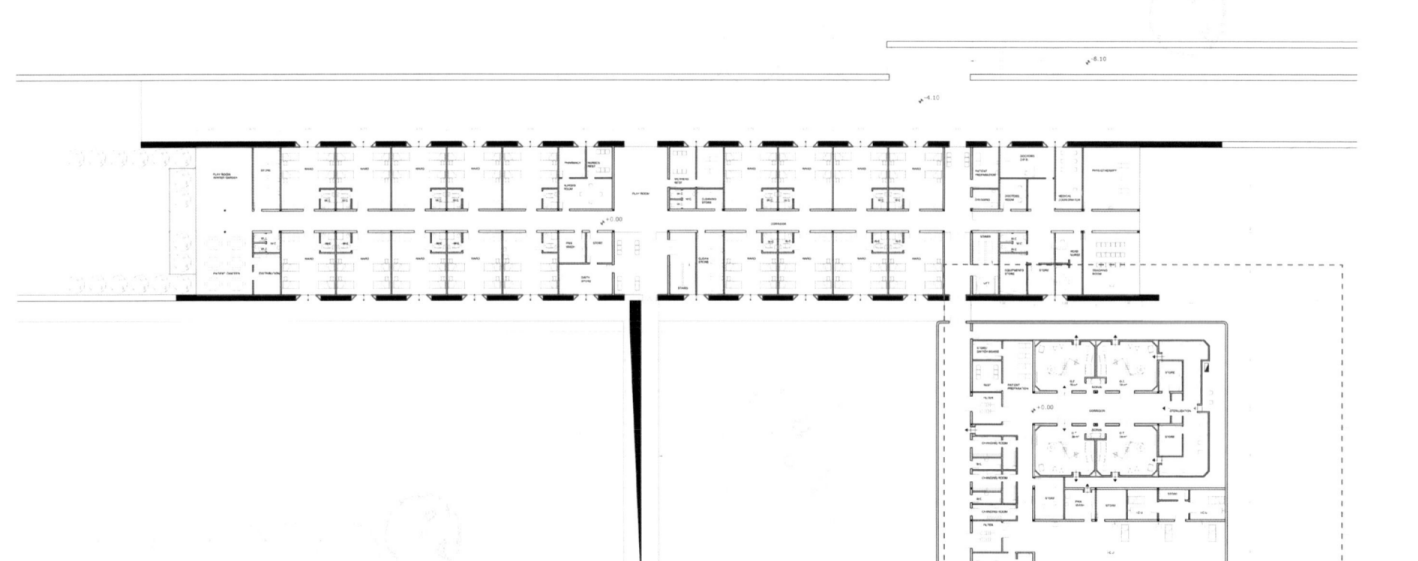

Eguaglianza, Qualità, Responsabilità sociale

In Uganda, oltre 20 milioni di ugandesi sono bambini o adolescenti. La mortalità infantile sotto i cinque anni è di 49 morti per 1.000 nati vivi, il 30% di questi decessi è causato dalla mancanza di cure chirurgiche adeguate: in tutto il Paese ci sono solo 4 chirurghi pediatrici e 20 posti letto dedicati. È per rispondere a questo tipo di squilibri e promuovere un cambiamento strutturale che Emergency ha avviato un progetto innovativo che coinvolge direttamente il governo ugandese e i governi di alcuni Paesi africani.

Il Centro di chirurgia pediatrica di Entebbe è il secondo tassello di una visione della sanità in Africa, che Emergency ha sostenuto dal 2007, quando aprì il Centro Salam di cardiochirurgia di Khartoum, in Sudan. Quell'ospedale nasceva da una considerazione semplice: c'era un enorme bisogno di cure cardiochirurgiche gratuite dovuto alla diffusione di patologie valvolari di origine reumatica e nessuna struttura sanitaria completamente gratuita dove curarle nell'intero continente. Il Centro Salam è così diventato il punto di partenza di un progetto chiamato ANME, African Network of Medical Excellence.

Un anno dopo, sull'isola di San Servolo, a Venezia, Emergency organizzò un incontro tra i ministri della Sanità di otto Paesi africani: l'obiettivo era trovare una modalità condivisa per portare nel continente una sanità gratuita e di alto livello. A sessanta anni dalla Dichiarazione universale dei diritti umani, i partecipanti definirono insieme i tre principi cardine della cura. Eguaglianza: «Ogni essere umano ha diritto a essere curato a prescindere dalla condizione economica e sociale, dal sesso, dall'etnia, dalla lingua, dalla religione e dalle opinioni». Qualità: «I sistemi sanitari di alta qualità devono essere basati sui bisogni di tutti ed essere adeguati ai progressi della scienza medica». Responsabilità sociale: «I governi devono considerare come prioritari la salute e il benessere dei propri cittadini, e destinare a questo fine le risorse umane ed economiche necessarie. I Servizi forniti dai sistemi sanitari nazionali e i progetti umanitari in campo sanitario devono essere gratuiti e accessibili a tutti». In pratica, il meglio delle cure possibili, gratuitamente, per tutti coloro che ne hanno bisogno.

Finora al Centro Salam sono stati visitati e operati pazienti provenienti da 30 Paesi diversi e quell'ospedale è diventato un punto di riferimento per tutta la regione, proprio come ambisce a essere quello di Entebbe per la chirurgia pediatrica.

Il significato dell'ANME sta proprio qui: occuparsi di bisogni disattesi e contribuire alla costruzione di risposte sanitarie di eccellenza su base regionale. Oltre alle cure, tra gli obiettivi di questo tipo di centri c'è anche offrire al personale sanitario la possibilità di formarsi nel proprio Paese senza dover fuggire all'estero. Chi lavora in questi centri ha infatti la possibilità di fare una formazione di alto livello che contribuirà comunque a rafforzare le competenze del sistema sanitario locale, anche se il medico nel tempo andrà a lavorare in altre strutture. Contrariamente a quanto si è pensa, il problema principale della sanità africana non sono i fondi. Secondo i dati dell'OCSE (Organizzazione per la cooperazione e lo sviluppo economico), l'Africa riceve ogni anno circa 50 miliardi di dollari in aiuti internazionali per la sanità, una cifra consistente che però non è mai riuscita a incidere in modo strutturale sulla qualità dei servizi. Anche per questa ragione, è fondamentale coinvolgere nel progetto fin da subito il governo locale. Una delle condizioni di partenza per la costruzione di questi centri è infatti che siano considerati strategici sul piano nazionale a lungo termine. In tutto il processo, l'Uganda ha rappresentato un interlocutore consapevole dei suoi bisogni, delle risorse disponibili e della direzione del lavoro da fare insieme. Cure mediche gratuite, formazione, strutture belle e funzionali, collaborazione istituzionale, portata regionale e sostenibilità: queste sono tra i fondamenti del nostro approccio alla sanità in Africa.

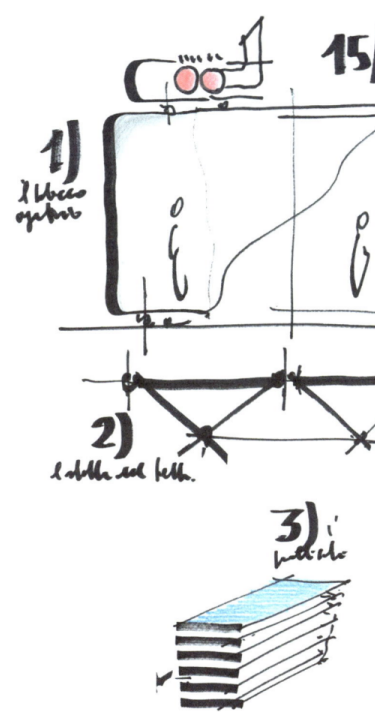

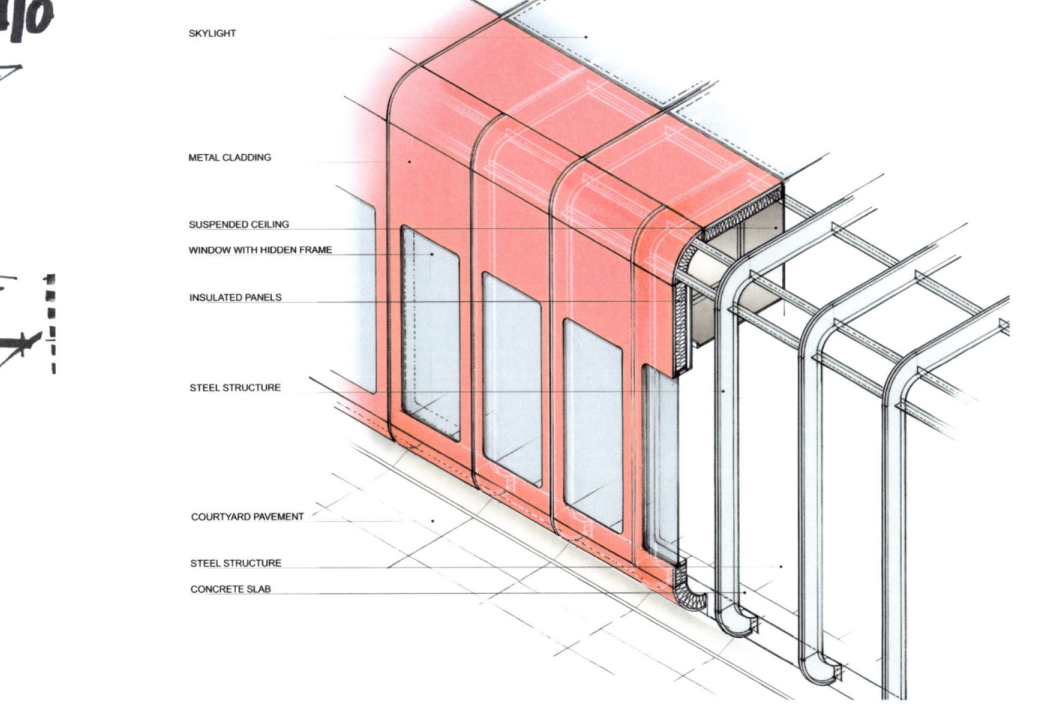

Equality, Quality, Social responsibility

In Uganda, over 20 million Ugandans are children or adolescents. Child mortality under the age of five is 49 deaths per 1,000 live births; 30% of these deaths are caused by the lack of adequate surgical care. In the whole country there are only 4 pediatric surgeons and 20 dedicated beds. To respond to this type of imbalance and promote structural change Emergency launched an innovative project directly involving the Ugandan government and the governments of some other African countries. The Entebbe Pediatric Surgery Center is the second stage in a vision of healthcare in Africa that Emergency has been promoting since 2007, when the Salam Cardiac Surgery Center opened in Khartoum, Sudan. That hospital developed out of a simple consideration. There was a huge need for free heart surgery due to the spread of valvular pathologies of rheumatic origin and no completely free health facility that provided it in the whole continent. The Salam Center has thus become the starting point of a project called ANME, African Network of Medical Excellence. A year later, on the island of San Servolo, in Venice, Emergency organized a meeting between the health ministers of eight African countries. The goal was to find a shared way to bring free and high-level healthcare to the continent. Sixty years after the Universal Declaration of Human Rights, the participants jointly defined the three cardinal principles of care. Equality: "Every human being has the right to care regardless of economic and social condition, sex, ethnicity, language, religion and opinions." Quality: "High-quality health systems must be based on everyone's needs and be reflect the advances in medical science." Social responsibility: "Governments must consider the health and well-being of their citizens as a priority, and allocate the necessary human and economic resources to this purpose. The services provided by national health systems and humanitarian projects in the health field must be free and available to all." In practice, the best possible care, free of charge, for all those who need it. So far at the Salam Center, patients from 30 different countries have been examined and operated on and the hospital provides a frame of reference for the whole region, just as Entebbe aspires to be for pediatric surgery. The meaning of ANME lies precisely in this: meeting unfulfilled needs and contributing to the provision of health care of excellence on a regional basis. In addition to treatment, one of the objectives of this type of center is also to offer health personnel the opportunity to train in their own country without having to go abroad. Those who work in these centers have will receive high-level training to strengthen the skills of the local health system, even if the doctor goes to work in other health facilities over time. Contrary to popular belief, the main problem of African health is not funds. According to OECD (Organization for Economic Cooperation and Development) data, Africa receives around 50 billion dollars in international aid for health every year, a substantial amount that has never managed to structurally affect the quality of the services. For this reason, too, it is essential to involve the local government in the project right from the start. One of the basic conditions for the construction of these centers is that they should be considered strategic on a long-term national level. Throughout the process, Uganda was a partner clearly aware of its needs, the resources available and the nature of the work to be done together. Free medical care, training, beautiful and functional facilities, institutional collaboration, a regional reach and sustainability: these are among the cornerstones of our approach to healthcare in Africa.

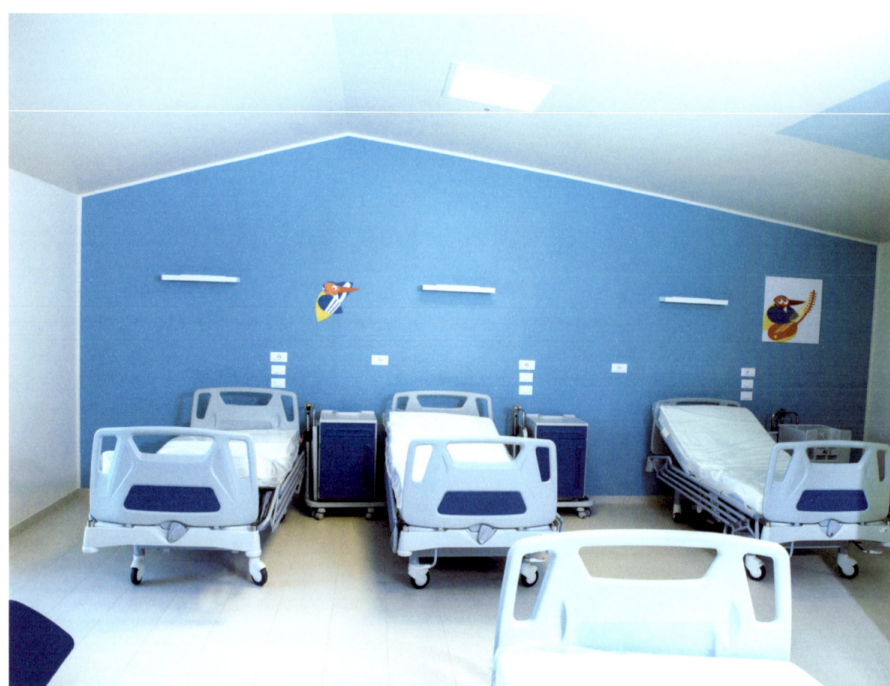

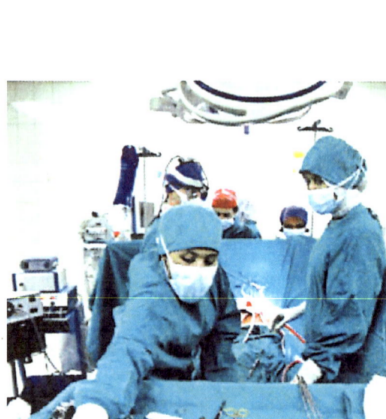

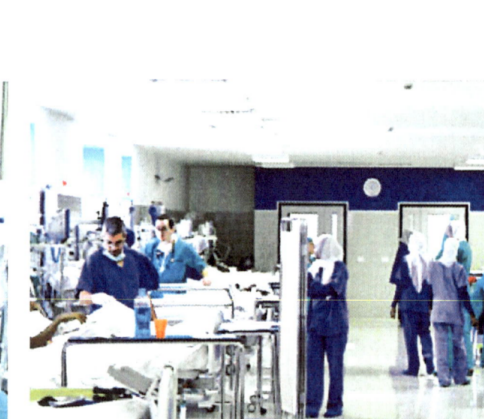

Il personale locale a regime è di 385 dipendenti, di cui circa 179 tra medici, infermieri e operatori sanitari. Chirurghi, infermieri, farmacisti e tecnici sono per l'80% circa professionisti locali e per il 20% circa professionisti di provenienza internazionale. Lo staff non medico è costituito da internazionali per il 5% e da nazionali per il 95%.

At full capacity the local staff numbers 385 employees, some 179 of them doctors, nurses and health workers. About 80% of surgeons, nurses, pharmacists and technicians are local professionals and some 20% from abroad. The non-medical staff is made up of 5% from abroad and 95% locals.

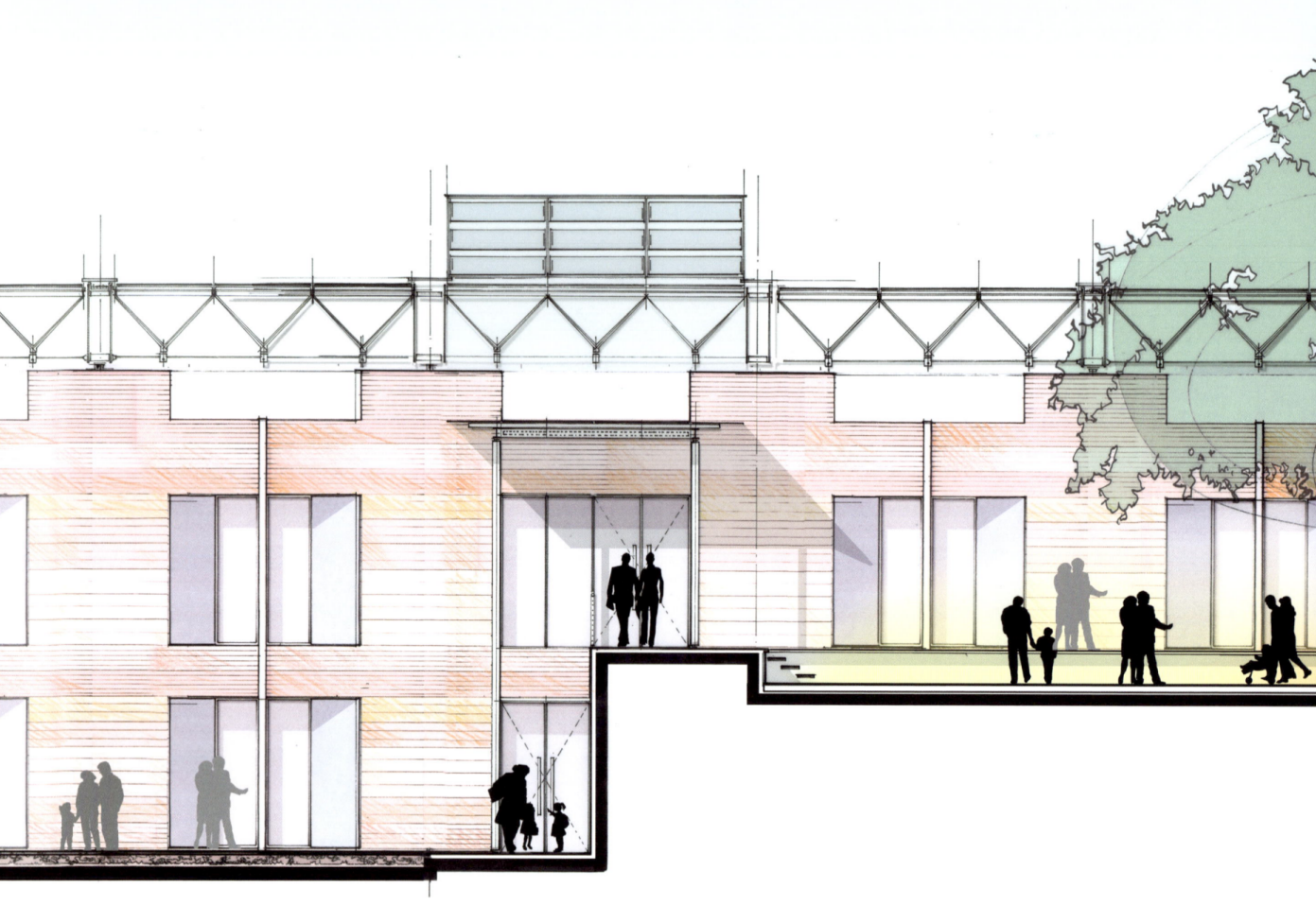

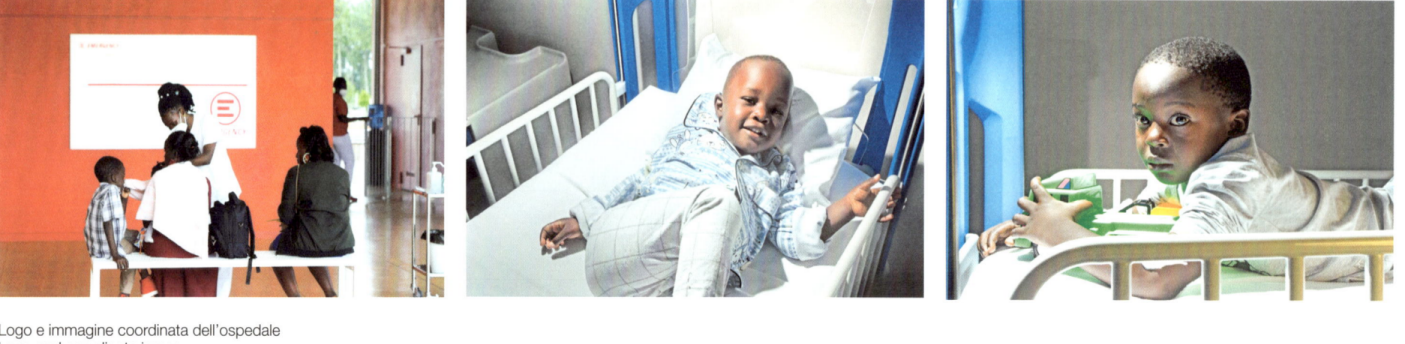

Logo e immagine coordinata dell'ospedale
Logo and coordinate image
Guido Scarabottolo

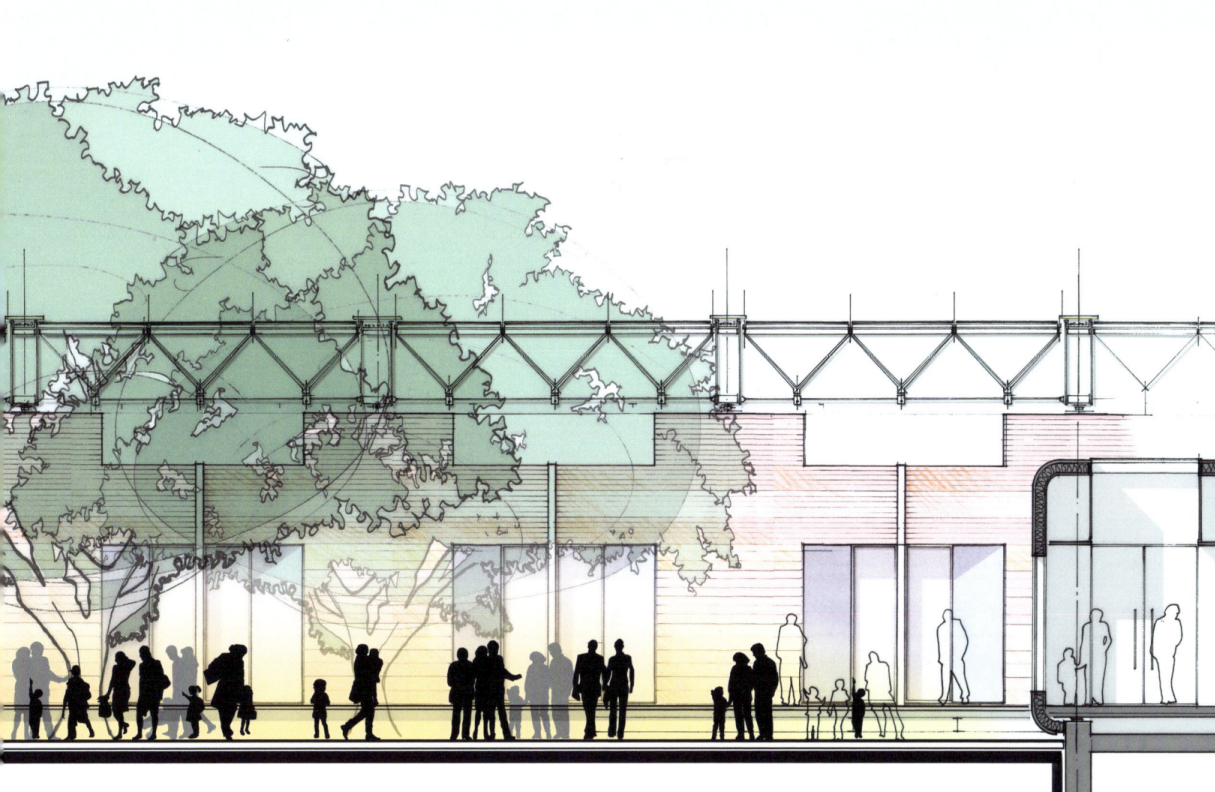

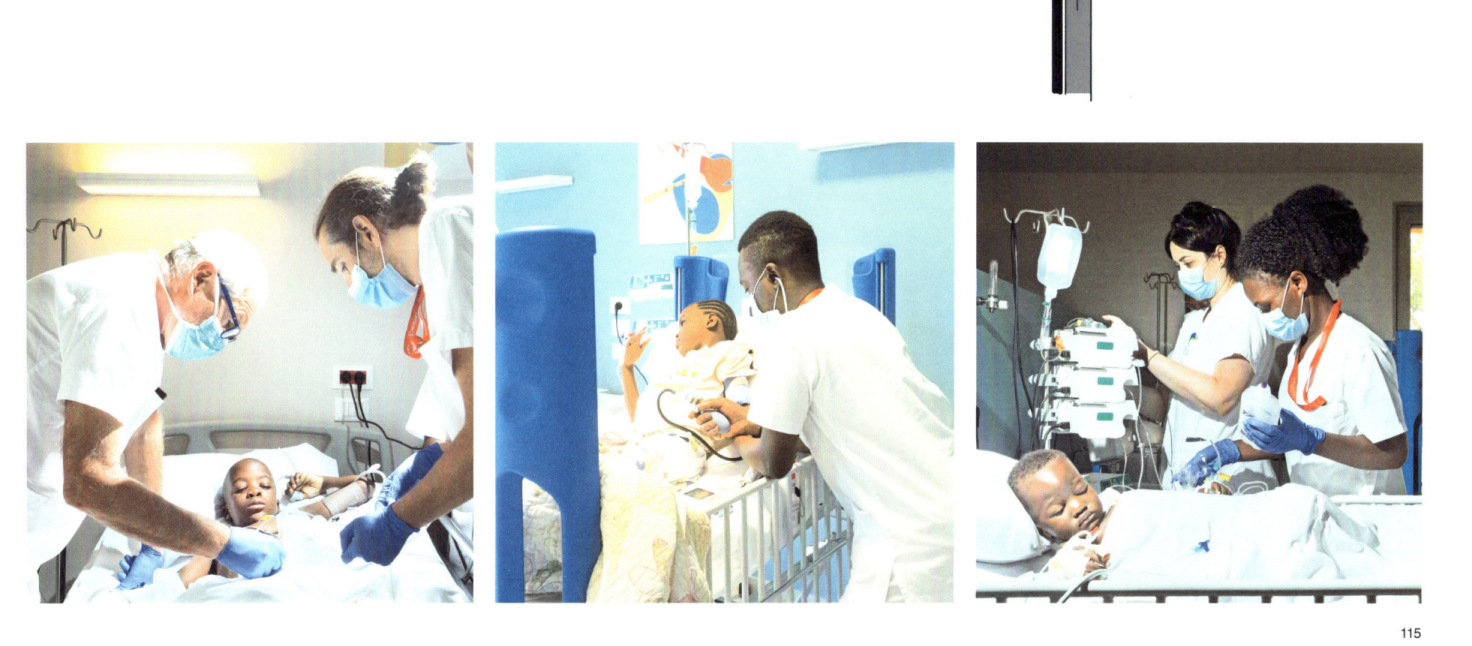

Emergency L'ospedale dei bambini

Emergency Children's Hospital

(Renzo Piano)
La storia di questo progetto è legata alla mia amicizia con Gino Strada, iniziata in un momento doloroso: la scomparsa di Teresa Sarti nel settembre 2009. Rimasi colpito dalla notizia, e immaginai il vuoto che lasciava la perdita di una compagna e una donna così straordinaria. Allora non conoscevo personalmente Gino, avevamo però alcuni amici in comune, a loro chiesi il suo indirizzo e gli scrissi una lettera. Non ricordo più esattamente le parole, ma lui mi rispose. E dopo qualche settimana parlammo al telefono. Una volta, una seconda, e poi ancora. Scattò subito un meccanismo di affinità elettiva: per qualche ragione le nostre due voci si incontrarono, e si riconobbero.

Questa intervista è stata registrata il 2 luglio 2019. L'ospedale era in costruzione, e nessuno immaginava che sarebbe arrivato il Covid-19 a fermare il cantiere, e che Gino Strada ci avrebbe lasciati il 13 agosto 2021. Non ho voluto modificare il testo. In queste pagine Gino è ancora vivo, e lo resterà nel lavoro di Emergency e nelle corsie dell'ospedale dei bambini di Entebbe.

This interview was recorded on July 2, 2019. The hospital at that time was under construction, and no one imagined that Covid-19 would cause the stop of the construction site and that Gino Strada would leave us on August 13, 2021. I did not want to change the text . In these pages Gino is still alive, and he will remain so in the work of Emergency and in the wards of the Entebbe children's hospital.

Lia Piano

Un giorno, cinque o sei anni fa, la nostra telefonata prese una piega diversa. Gino mi chiese: «Vorresti progettare un ospedale per Emergency in Uganda? Da tempo cercavamo il terreno, e ora l'abbiamo trovato a Entebbe. Un appezzamento vicino al lago Vittoria. Il Presidente Yoweri Museveni ce lo concede, e lo Stato partecipa all'operazione coprendo il 20% del costo».

Gli risposi di sì, senza chiedere altro. Mi aveva detto che si trattava di un luogo salubre: mi sembrò un'informazione sufficiente per accettare l'incarico. Poco dopo ci incontrammo qui nel mio ufficio a Punta Nave a Genova, Gino venne con Rossella Miccio e Pietro Parrino. Volevano costruire in Africa una rete di centri sanitari di eccellenza: il primo è il centro Salam di cardiochirurgia a Khartoum in Sudan, che funziona perfettamente da dodici anni.

Ma la cosa che più mi colpì durante quell'incontro fu una frase di Gino: «Voglio un ospedale scandalosamente bello». Quelle due parole accostate erano un programma perfetto. Capii subito che a essere "scandalosa" era l'idea di portare le eccellenze mediche in un paese considerato marginale, che potrebbe accontentarsi della seconda scelta, degli scarti dei paesi ricchi. Un concetto scandaloso rispetto alla tendenza. Il messaggio era chiaro: vi portiamo il meglio delle nostre competenze, con le strutture, le tecnologie, le risorse che sono necessarie. Come dice Gino, condividere i migliori risultati che abbiamo raggiunto è nostro dovere. Che si tratti di medicina, di chirurgia o di architettura.

(Renzo Piano)
The story of this project is bound up with my friendship with Gino Strada, which began in a painful moment: the death of Teresa Sarti in September 2009. I was struck by the news, and imagined the emptiness that the loss of a partner and such an extraordinary woman must have left. At that time I did not know Gino personally, but we had some friends in common. I asked them for his address and wrote him a letter. I don't remember the exact words any more, but he replied. And a few weeks later we spoke to each other by phone. A first time, a second time, and then again. We clicked at once. It was an immediate case of elective affinity. For some reason our two voices met, and recognized each other.

One day, five or six years ago, our phone call took a different turn. Gino asked me: "Would you like to design a hospital for Emergency in Uganda? We've been looking for the land for some time, and now we've found it in Entebbe. A plot near Lake Victoria. President Yoweri Museveni will grant it to us, and the State will participate in the operation by covering 20% of the cost."

I said yes, without asking anything else. He told me it was a healthy place. That seemed information enough to accept the commission. Soon after we met here in my office at Punta Nave at Genoa. Gino came over with Rossella Miccio and Pietro Parrino. They wanted to build a network of health centers of excellence in Africa. The first was the Salam heart surgery center in Khartoum, Sudan, which has been functioning perfectly for twelve years.

But the thing that struck me most during that meeting were Gino's words: "I want a scandalously beautiful hospital." Those two words combined were a perfect program. I immediately understood that the "scandal" lay in the idea of bringing medical excellence to a country considered marginal, which might be satisfied with the second choice, the leftovers from rich countries. A scandalous concept given the trend. The message was clear. We'll bring you the best of our skills, with the structures, technologies, resources that are needed. As Gino says, sharing the best results we have achieved is our duty. Whether it is in medicine, surgery or architecture. And there was also that adjective, beautiful.

E c'era anche quell'aggettivo, bello, portatore di un'idea precisa di bellezza che condivido completamente. Non è la prima volta che lavoro in Africa, e che mi confronto con la complessità di quel continente. La mia esperienza precedente risale al 1978, con un progetto promosso dall'UNESCO a Dakar. Allora il Presidente del Senegal era Léopold S. Senghor. Mi propose uno studio sulla tecnica con cui si costruivano i tetti nei villaggi tutto attorno a Dakar, dove era improvvisamente venuto a mancare il materiale primario, le piante a fibra lunga. Come si sa, quella regione è molto bassa sul livello del mare: con la costruzione di un acquedotto e l'ulteriore abbassamento della falda freatica la vegetazione morì in breve tempo. Andava sostituita con fibre vegetali in grado di sopravvivere alle nuove condizioni. Iniziammo a lavorare alla selezione di piante che radicassero più in profondità. Nel frattempo disegnammo una piccola fabbrica itinerante, creata per costruire sul posto gli elementi di copertura delle abitazioni. Ma qualcosa non funzionò, il nostro approccio era troppo teorico. In Senegal vigeva il sistema matriarcale. I figli, una volta emigrati in città e iniziato a guadagnare, mandavano alle madri pile di lamiere ondulate per rifare il tetto della capanna. Il tetto in lamiera era il segno tangibile del successo e dell'affetto del figlio. Un materiale sbagliatissimo, che impediva l'evaporazione naturale, si arroventava sotto il sole ed era rumorosissimo durante la pioggia. Ma non ci fu nulla da fare. Il primo a metterci in guardia fu il sociologo Paul-Henry Chombart de Lauwe: «Guardate che le aspirazioni delle persone sono ben più forti dei loro bisogni». Senghor fu più diretto, mi chiamò dal palazzo presidenziale a Dakar e mi disse: «Dobbiamo smettere. Non c'è niente da fare, non vogliono». I simboli del successo del figlio, della modernità e del progresso erano più forti, anche se inadatti, di tutto il resto. Fu una lezione amara, ma durante quell'incontro Senghor mi spiegò anche che nella lingua swahili esiste un aggettivo, nzuri, che significa sia bello che buono. I due concetti sono legati: se una cosa è bella è anche buona, altrimenti non è né una cosa né l'altra. Un principio da tenere a mente. Lo stesso avviene in molti paesi dell'arco mediterraneo. Naturalmente la prima cosa che viene in mente è il kalòs kagathòs dell'Antica Grecia. E per venire alla Grecia di oggi: lavorando al progetto di ospedali a Komotini, Sparta e Tessalonica, ho scoperto che i primi ospedali, quando la medicina era lontana dall'essere una scienza, non erano luoghi di oscura stregoneria ma luoghi di bellezza, si chiamavano asclepeion. La bellezza faceva parte della cura. La parola "bello", pronunciata quel giorno da Gino,

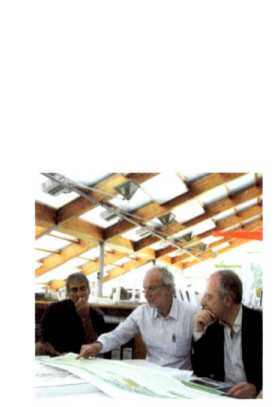

the bearer of a precise idea of beauty that I fully share. It is not the first time that I have worked in Africa, and been confronted with the complexity of the continent. My previous experience dates from 1978, with a project promoted by UNESCO in Dakar. At that time the President of Senegal was Léopold S. Senghor. He proposed a study of the technique by which roofs were built in the villages all around Dakar, where the primary material, long-fiber plants, had suddenly disappeared. As we know, that region is very low-lying, not much above sea level. After the building of an aqueduct and a further lowering of the water table, the vegetation had died out within a short time. It had to be replaced with vegetable fibers capable of surviving the new conditions. We set to work selecting plants with deeper roots. Meanwhile we designed a small traveling factory, created to build the roofing elements of the houses on site. But something went wrong, our approach was too theoretical. The matriarchal system was in force in Senegal. Once the children had emigrated to the city and started earning, they sent their mothers piles of corrugated sheet metal to reroof of their huts. A tin roof was the tangible sign of their children's success and affection. It was highly inappropriate material, preventing natural evaporation, growing hot in the sun and very noisy when it rained. But there was nothing to be done. The first to warn us was the sociologist Paul-Henry Chombart de Lauwe: "Look, people's aspirations are much stronger than their needs." Senghor was more direct, he called me from the presidential palace in Dakar and said: "We'll have to give up. There's nothing to be done, they don't want it." The symbols of their children's success, modernity and progress were stronger, however unsuitable, than everything else. It was a bitter lesson, but during that meeting Senghor also explained to me that in the Swahili language there is an adjective, nzuri, which means both beautiful and good. The two concepts are linked: if something is beautiful it is also good, otherwise it is neither one nor the other. A principle to bear in mind. The same happens in many countries of the Mediterranean arc. Of course the first thing that comes to mind is the kalòs kagathòs of Ancient Greece. And to come to today's Greece. Working on the hospital project in Komotini, Sparta and Thessalonica, I discovered that the first hospitals, when medicine was far from being a science, were not places of dark witchcraft but places of beauty, yes they were called asclepeion. Beauty was part of the cure. The word "beautiful", pronounced that day by Gino, made all these ideas resonate in me.

fece risuonare in me tutte queste idee. Non una bellezza frivola, ma etica. La solidarietà umana come interpretazione laica del concetto di pietà cristiana. Gino ci spiegò che, come tutti gli ospedali Emergency, doveva essere aperto a tutti e gratuito. La possibilità economica non doveva essere un fattore discriminante, perché essere curati è la condizione preliminare per ogni altra attività umana. E poi comparve un terzo tema, la formazione. Portare sul luogo conoscenza e competenze, e trasmetterle ai medici e al personale locale, in modo che non sia più necessario per loro emigrare per essere formati. Altra idea che mi risuonava molto famigliare: pensai subito al cantiere come luogo di apprendimento. Scattò subito il cortocircuito eccellenza medica-eccellenza costruttiva, e capimmo che anche il cantiere doveva essere portatore di conoscenze. Avevamo le idee abbastanza chiare per cominciare a lavorare.

Not a frivolous beauty, but an ethical one. Human solidarity as a secular interpretation of the concept of Christian piety. Gino explained that, like all Emergency hospitals, it had to be open to everyone and free of charge. Income should not be a discriminating factor, because the right to treatment is a precondition for every other human activity. And then a third theme appeared: training. Bringing knowledge and skills to the hospital, and passing them on to doctors and local staff, so that it would no longer be necessary for them to emigrate for training. Another idea that sounded very familiar to me. I immediately thought of the building site as a place of learning. The idea of medical excellence-constructive excellence immediately clicked, and we understood that the construction site should also be a bearer of knowledge. Our ideas were clear enough to start work.

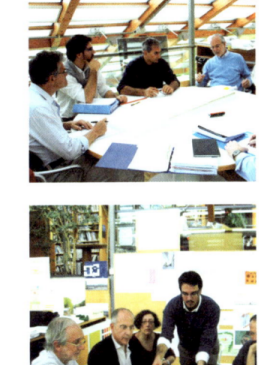

(Giorgio Grandi, Architetto RPBW)
Ricordo anch'io quel primo incontro. C'era anche Raul Pantaleo di TAMassociati, che da molti anni progetta gli ospedali di Emergency. Raul portò alcuni schemi, c'era già qualche idea, come quella di sviluppare l'edificio intorno a una corte chiusa, probabilmente frutto della sua esperienza con il Centro Salam.

(Giorgio Grandi, Architect at RPBW)
I remember that first meeting too. Also present was Raul Pantaleo of TAMassociati, who has been designing Emergency's hospitals for many years. Raul brought some schemes, there were already some ideas, such as developing the building around a closed courtyard, probably the result of his experience with the Salam Center.

(RP) Iniziammo a ragionare sulle funzioni e la loro distribuzione, e quindi sulla pianta dell'edificio. Volevamo che degenza, accoglienza e sale operatorie fossero divise chiaramente. In mezzo, tra i diversi blocchi, il verde. Così è nata l'idea di un edificio formato da due grandi ali, distanti 30 metri una dall'altra. In una le camere per 72 degenti, nell'altra gli ambulatori, l'accoglienza e la zona di day hospital. A collegare le due ali il blocco operatorio con tre sale.

(RP) We began to think about the functions and their layout, and then about the building plan. We wanted the wards, reception and operating rooms to be clearly divided. In the middle, between the different blocks, there would be a garden. This led to the idea of a building consisting of two large wings, 30 meters apart. In one there would be the rooms for 72 patients, in the other the clinics, reception and day hospital. The surgery block with three rooms would connect the two wings.

(GG) Questo si vede chiaramente già dai primi schizzi. La forma dell'edificio è suggerita anche dal sito. Dalle foto si capiva bene la sua orografia, che ci ha guidato nell'immaginare le due ali dell'ospedale parallele alle curve di livello del terreno. L'edificio ne segue e asseconda la naturale pendenza. Anche l'idea di usare la terra battuta fu immediata. Per noi non era un tema del tutto nuovo: avevamo fatto un tentativo analogo nel sud della Francia. C'era già nell'aria il profumo dell'argilla.

(GG) This can be seen clearly from the first sketches. The form of the building is also suggested by the site. The photos clearly show its landforms, which guided us in imagining the two wings of the hospital set parallel to the contours of the ground. The building follows them and adapts to the natural slope. The idea of using clay was also immediate. This wasn't completely new to us. We'd tried something similar in the south of France. The scent of clay was already in the air.

(RP) Anche a livello costruttivo, lavorammo da subito su alcuni elementi precisi. Per abitudine, è difficile che progettiamo in astrazione. Procediamo per domande: «Ma questo come lo disegniamo, come lo costruiamo?» Fu immediata l'idea di utilizzare le due cose che emergevano

(RP) Also on the constructional level, we immediately worked on some precise elements. Out of habit, it is difficult for us to design in the abstract. We proceed by questions: "So, how do we design this, how do we build it?" The idea of using the two things that emerged when

osservando il sito: quella terra così rossa, che si estendeva a perdita d'occhio, e la qualità della luce del cielo. Avremmo usato questo connubio fra un elemento che viene dal basso e uno sceso dallo spazio siderale, a portare energia.

observing the site was immediate: that earth so red, which stretched as far as the eye could see, and the quality of the light from the sky. We would use this combination of an element that comes from below and one that comes down from sidereal space, to bring energy.

(GG) Certo, poi nel progettare non tutto è così lineare. Presto ci rendemmo conto che sarebbe risultato un edificio molto più grande degli ospedali realizzati fino a quel momento da Emergency. Di conseguenza avrebbe comportato un impegno economico altrettanto importante. Lavorammo su due fronti, uno architettonico e l'altro finanziario. Dovevamo affinare il progetto e trovare i fondi necessari per realizzarlo. Avevamo un grande vantaggio: il committente. Un committente che conosce esattamente le proprie esigenze è una fortuna: non delega la ricerca al progettista o ai consulenti. Emergency aveva le idee chiare: un ospedale semplice e funzionale, senza meccanismi troppo complessi, che richiedono controlli e manutenzioni difficili da seguire in una città del centro Africa. E quindi, dall'impianto ai componenti, abbiamo privilegiato logiche di semplicità, robustezza, funzionalità. Spesso abbiamo dovuto trovare soluzioni che tenessero conto di fattori molto diversi: la disponibilità di risorse, le necessità dei protocolli sanitari, la semplicità d'uso e la durabilità. È quella che in ufficio chiamiamo la legge della "dura necessità", il motore più potente per trovare le migliori soluzioni senza inutili formalismi. L'indirizzo da seguire era chiaro: semplificazione. Ma per trovare il disegno che funzionasse davvero dovevamo far incontrare le opinioni di tutti, committente, progettisti, consulenti. È a questo che serve il team.

(GG) Of course, not everything is so straightforward when you're designing. We soon realized it would turn out to be a much larger building than the hospitals previously built by Emergency. This meant it would involve an equally substantial investment. We worked on two fronts, one architectural and the other financial. We had to refine the project and find the necessary funds to make it happen. We had a big advantage: the client. A client who knows exactly what he needs is lucky. He doesn't have to delegate research to the designer or consultants. Emergency had clear ideas: a simple and functional hospital, without over-complex mechanisms, which require checks and maintenance difficult to keep up in a city in central Africa. And so, from the system to the components, we favored the logic of simplicity, robustness, functionality. Often we had to find solutions that took into account very different factors: availability of resources, needs of health protocols, ease of use and durability. It's what at the office we call the law of hard necessity, the most powerful engine for finding the best solutions without unnecessary formalism. The path was clear: simplification. But to find a design that really worked we had to bring together the opinions of everyone: the client, designers, consultants. That's what the team does.

(RP) Sì, in questo progetto è stato fondamentale ascoltare chi viveva l'esperienza direttamente sul terreno. Di fronte a alcune idee ci siamo sentiti dire: «No, questo non funziona». Un approccio legato all'esperienza diretta di tutti noi: architetti, costruttori e medici. Quindi molto lontano dalla teoria.

(RP) Yes, in this project it was essential to listen to those who had gained experience directly on the spot. When we brought up some ideas, we were told: "No, this won't work." An approach linked to the direct experience of all of us: architects, builders and doctors. Hence very far from theory.

(GG) E poi è stato un progetto corale. Intanto in senso letterale: ci abbiamo lavorato in tanti. Con Raul Pantaleo e i suoi collaboratori ci siamo equilibrati gli ambiti. Loro avevano maggiore conoscenza delle esigenze, dei protocolli e delle consuetudini progettuali di Emergency. Quindi la definizione degli spazi minuti all'interno, il layout, gli arredi. Una sponda di responsabilità primaria l'hanno tenuta loro, anche perché interloquivano in maniera diretta con Emergency. Noi abbiamo lavorato all'involucro, gli spazi esterni, le linee architettoniche

(GG) And then it was a choral project. Quite literally - a lot of people worked on it. We balanced the areas with Raul Pantaleo and his colleagues. They had a better understanding of Emergency's needs, protocols and design habits. Hence the definition of the minute spaces inside, the layout, the furnishings. They had the primary responsibility, because they spoke directly to Emergency. We worked on the envelope, the external spaces, the general architectural lines. Despite this, as you just said, there is nothing gratuitous

generali. Nonostante questo, come hai appena detto, nel disegno non c'è nulla di gratuito. Tutti gli elementi sono semplicemente necessari: ci sono perché servono. E poi c'è stato il lavoro della building division di Emergency: hanno avuto il ruolo di ufficio tecnico, di general contractor e di impresa realizzatrice dell'ospedale. Il loro è stato un supporto tecnico e operativo, molti dei problemi nati durante la progettazione o sul cantiere sono stati risolti da loro.

in the design. All the elements are simply necessary. They are there because they're needed. And then there was the work of Emergency's building division. They had the role of technical office, general contractor and hospital construction company. Theirs was technical and operational support. They dealt with many of the problems that arose during the design work or on the building site.

(RP) Questo coro ha una cosa in più: le voci cantano all'unisono, perché sono tutte voci omogenee, di chi vive l'esperienza in diretta. E parlo anche di chi ci ha aiutato nella ricerca, nel cantiere: pensa ai tecnici di Mapei che sono andati sul sito a raccogliere campioni di terra per studiarne la composizione. Pensa a Raul che è stato fermato alla dogana perché quei campioni li trasportava in valigia.

(RP) And there was another thing about the choir. The voices sang in unison, because they were all well-matched, the voices of people who gain experience at first hand. And I'm also talking about those who helped us in the research and on the building site. Think of Mapei's technicians, who went to the site to collect soil samples and studied its composition. Think of Raul who was stopped at customs because he was had those samples in his suitcase.

(GG) Abbiamo sperimentato su molti fronti: per la terra cruda con gli ingegneri di Maurizio Milan e con i laboratori Mapei, fino a migliorare la resistenza meccanica della terra pisé che alla fine è risultata dieci volte superiore ai valori tradizionali. E pensa alla storia della copertura. Inizialmente a reggere il canopy era una struttura reticolare spaziale, poi abbiamo pensato al legno, e infine è arrivato Michele Amenduni che ci ha detto: «Io produco tubi, se volete ve li fornisco gratuitamente».

(GG) We experimented on many fronts. For the raw earth, with Maurizio Milan's engineers and the Mapei laboratories, to improve the mechanical resistance of the rammed earth, eventually ensuring it was ten times higher than the traditional values. And think about the roof. Initially the canopy was meant to rest on a reticular spatial structure. Then we thought of wood, and finally Michele Amenduni came and said: "I produce tubes, if you want I can supply them for free."

(RP) Un modo di lavorare che ha inciso anche su alcune scelte progettuali. I tubi somigliano ai tronchi di legno, che non avremmo potuto usare perché in Uganda ci sono le termiti. La sua offerta ha risolto due problemi: uno economico e l'altro strutturale.

(RP) This working method also affected some design choices. The pipes resemble wooden logs, which we couldn't have used because there are termites in Uganda. His offer solved two problems: one economic, the other structural.

(GG) E infatti abbiamo subito risposto: «Li prendiamo».

(GG) And in fact we immediately replied: "We'll take them."

(RP) E abbiamo fatto bene! Ecco cosa intendo quando parlo, forse semplificando un po', di affinità. Il progetto è nato così, lontano da teorie e specialismi. Ma ciascuno ci ha messo qualcosa, con unanimità di intenzioni. E questo ti fa riflettere su una cosa: i cantieri sono luoghi di solidarietà e di orgoglio. Lo sono quasi sempre. Ma c'è cantiere e cantiere. Un discorso è costruire un edificio per uffici, o un'università o un palazzo di giustizia. E tutt'altra cosa è un ospedale pediatrico in Africa per Emergency. Allora il fenomeno di appartenenza e partecipazione si centuplica. Sono cose che si fanno sullo slancio dell'entusiasmo, dell'amicizia. Una novità rispetto all'abitudine del nostro ufficio è aver visto il sito dopo aver disegnato l'edificio, al momento

(RP) We did well to! This is what I mean when I speak, perhaps simplifying a bit, of affinity. That's how the project developed, without theories and specialisms. But everyone brought something to it, working together as one. And this makes you think about one thing. Construction sites are places of solidarity and pride. They almost always are. But there are building sites and building sites. It's one thing to erect an office building, or a university or a courthouse. And a pediatric hospital in Africa for Emergency is quite another thing. That multiplies the sense of belonging and participation a hundredfold. These are things that are done from the impulse of enthusiasm, of friendship. A novelty compared to our office's usual approach is that we saw the site after

dell'apertura del cantiere. È un cambiamento figlio dei tempi: oggi ci sono strumenti che consentono anche da lontano un'indagine attenta del territorio. Eppure la visita di persona riserva sempre qualche sorpresa: la cosa che mi ha sconvolto di più è stata il colore. Tutto era rosso.

designing the building, when construction had started. It was a change born of the times. Today we have instruments that make it possible to carefully study an area even at a distance. Yet a visit in person always brings surprises. The thing that amazed me most was the color. Everything was red.

(GG) Vedere il sito dal vero è stata una conferma. Mi ha colpito anche un'altra caratteristica del territorio: è essenziale, non ha la complessità o la stratificazione di una città. Gli elementi sono solo naturali: luce, terra, presenza del lago, vegetazione. Mi ha stupito la rapidità del passaggio fra la luce e il buio all'equatore. Impressionante: in un attimo il buio è totale.

(GG) Seeing the site in real life was a confirmation. And I was struck by another feature of the area. It's basic, it doesn't have the complexity or stratification of a city. All the elements are natural: light, earth, the lake and vegetation. I was amazed by the rapidity of the transition between daylight and darkness at the equator. It's striking! In an instant it's pitch dark.

(RP) Questo ti fa capire che l'intuizione di usare i pannelli solari è stata giusta. Anche per una seconda ragione: i muri di terra, per quanto la composizione sia studiata chimicamente e scientificamente, devono essere protetti dalla pioggia. Questo tetto ha più funzioni: ospita i pannelli solari, protegge i muri, e crea l'ombra per cui l'edificio non accumula il calore per irraggiamento solare. E questa è una delle cose che ti fa riflettere sull'Africa: l'incredibile energia, umana, fisica e naturale. Pensandoci mi viene in mente un epigramma di Henri Estienne: "Si jeunesse savait; si vieillesse pouvait" ("Se la gioventù sapesse, se la vecchiaia potesse"). Una delle ragioni per cui Europa e Africa possono lavorare benissimo insieme è che uno ha l'energia della giovinezza, e l'altro la competenza dell'età. E così è stato per il progetto: il luogo ha messo l'energia, e noi le competenze. Pensa al materiale di costruzione: la terra è ancora oggi nel mondo il materiale più utilizzato per costruire ripari. È chiaro che non mi riferisco alle città, ma il mondo è abitato da più di sette miliardi di persone. Non tutti abitano in case di cemento e acciaio.

(RP) It shows that the intuition of using solar panels was right. And there's a second reason. The earth walls, although the composition is studied chemically and scientifically, have be protected from rain. This roof has several functions. It houses the solar panels, protects the walls, and creates shade so that the building doesn't accumulate heat from solar radiation. And this is one of the things that makes you think about Africa: the incredible energy, human, physical and natural. Thinking about it, an epigram by Henri Estienne comes to mind: "Si jeunesse savait; si vieillesse pouvait" ("If youth but knew, if age but could"). One of the reasons Europe and Africa can work well together is that one has the energy of youth, and the other the competence of age. And so it was with the project. The place brought energy, and we brought skills. Think of the building material. Earth is still today the most widely used material worldwide for building shelters. Clearly I don't mean cities, but the world is inhabited by more than seven billion people. Not everyone lives in concrete and steel homes.

(GG) E, nonostante sia la tecnica costruttiva in assoluto più diffusa, certamente ha delle problematicità. Come hai già accennato, un legame di argilla è debole rispetto all'acqua. Nei paesi arabi dove è largamente utilizzata piove poco, quindi il problema non si pone. Ma in Uganda il discorso è diverso, e gli effetti del dilavamento potevano essere importanti. Che cosa abbiamo cercato di fare in questo caso? Portare sul cantiere la "saggezza" di cui parlavi, ovvero la conoscenza più avanzata. E quindi il lavoro di ricerca, la messa a punto della granulometria dell'impasto, l'inserimento di fibre per contrastare le sollecitazioni di trazione, gli additivi per renderlo più durevole rispetto all'aggressione dell'acqua. Insieme a Mapei, che ha competenze straordinarie in questo settore, abbiamo sperimentato la possibilità

(GG) And, despite being the commonest construction technique, it certainly has problems. As you've already mentioned, a clay bond is weak when it comes to water. In Arab countries, where it is widely used, it hardly ever rains, so the problem doesn't arise. But in Uganda things are different, and the effects of leaching could have been damaging. What did we try and do here? To bring the "wisdom" you spoke of, the most advanced knowledge, to the building site. And then the research work, the fine-tuning of the granulometry of the mix, the addition of fibers to counteract traction stresses, the additives to make it more durable and offset erosion by water. Together with Mapei, which has extraordinary skills in this sector, we experimented with adding chemical additives to the mix to increase its mechanical resistance. In the end it was ten times higher than the standard reference values for rammed earth. In fact, it was comparable to good concrete. And perhaps this is the right way to bring modernity.

di aggiungere all'impasto additivi chimici per aumentarne la resistenza meccanica, che alla fine è risultata dieci volte superiore rispetto ai valori standard di riferimento per il pisé. Di fatto, ha raggiunto il livello di un buon calcestruzzo. E forse questo è il modo giusto di portare modernità.

(RP) Rifiutando anche il purismo. All'inizio, se ti ricordi, siamo stati troppo intransigenti. Ripetevamo: «Sarà di terra, solo terra», poi ci siamo accorti che stavamo sbagliando, perché utilizzando la pura terra avremmo fatto esattamente quello che farebbe un incompetente, ma senza la scusante dell'ignoranza. Questo lo ha colto molto bene Francis Kéré, che a proposito del nostro lavoro a Entebbe ha parlato di un approccio non purista, che coniuga il materiale locale e le competenze esterne.

(RP) While rejecting purism. At first, if you remember, we were too uncompromising. We repeated: "It will be made of earth, nothing but earth," and then we realized we were wrong, because by using pure earth we would have done just what an incompetent would do, but without the excuse of ignorance. Francis Kéré understood this clearly. He spoke of a non-purist approach in our work in Entebbe, combining local materials with skills from abroad.

(GG) Sarebbe stato un approccio anche troppo ideologico, che è esattamente il contrario del pratico. Poi c'è il ruolo importante che assume la formazione. Perché l'edificio tornerà proprietà del governo ugandese. Emergency fa questa attività di educazione e di preparazione, secondo standard sanitari messi a punto nell'esperienza di venticinque anni sul campo. Formeranno personale paramedico e infermieristico che avrà l'occasione di lavorare con tecniche e macchinari corretti. È anche un modo di mantenere le competenze sul territorio: la formazione avverrà in Uganda, i medici non saranno costretti a cambiare paese per esercitare al meglio la propria professione. E qual è la cosa migliore per dare a un popolo l'occasione di migliorare le proprie condizioni, senza dover emigrare e rimpatriare dopo anni?

(GG) The approach would have been too ideological, exactly the opposite of a practical one. Then there's the important role that training plays. Because the building will be returned to the ownership of the Ugandan government. Emergency carries out this educational and preparatory work, to health standards developed in twenty-five years' experience in the field. They train paramedics and nurses who will have the opportunity to work with the proper techniques and equipment. It's also a way of keeping skills in the area. The training will take place in Uganda, doctors will not be forced to change countries to practice their profession better. And what is the best way to give a people the opportunity to improve their position, without having to emigrate and repatriate years later?

(RP) Il fatto è che questo ospedale è solo una goccia nel mare, però torniamo alla solita storia, che le gocce contano, se cadono al momento giusto e nel posto giusto.

(RP) The fact is that this hospital is just a drop in the ocean, but let's go back to the usual concept, that drops matter, if they fall at the right time and in the right place.

(GG) Perché è molto vero che oggi i rapporti dell'Occidente con il Terzo Mondo hanno spesso una connotazione di carità: gli doniamo quello che non serve più, se va bene con spirito caritatevole. Se va male mandiamo proprio le cose che non sappiamo come smaltire. Emergency stessa riceve offerte che suonano così: «Avremmo duecento sedie a rotelle, le volete?». E loro rispondono: «Un momento, fatecele vedere». Così scoprono che non hanno le rotelle, che sono mezze rotte. Altro tema essenziale è quello del verde. Perché c'è un legame profondo tra la presenza della vegetazione e la salute. Le finestre delle camere guardano sempre al giardino e agli alberi, che sono metafora del processo stesso di guarigione: l'albero si sviluppa in verticale, la posizione di chi può stare in piedi perché sta bene. Al contrario di chi soffre, che deve rimanere steso,

(GG) Because it's quite true that today the relations of the West with the Third World often have connotations of charity. We give them what we no longer need, if all goes well in a charitable spirit. If it goes wrong, we send the very things we don't know how to get rid of. Emergency itself receives offers like this: "We've got 200 wheelchairs, do you want them?" And they reply: "Let's have a look first." So they discover that the chairs don't have wheels, they're all battered. Another essential theme is greenery. Because there are close ties between the presence of vegetation and health. The bedroom windows always look onto the garden and the trees, which are a metaphor for the healing process itself. The tree develops vertically, the position of someone who can stand because he's well. Unlike people suffering,

in posizione orizzontale. Un tema su cui stiamo lavorando anche in altri progetti, come l'Hospice pediatrico di Bologna e gli ospedali in Grecia.

who have to stay lying horizontal. A theme we're also working on in other projects, like the Pediatric Hospice in Bologna and the hospitals in Greece.

(RP) Basta pensare al grande albero che c'era sul sito, un meraviglioso musizi alto trenta metri. Così bello da suggestionarci. Nel primo progetto infatti immaginavamo al centro della corte una bellissima pianta, l'edificio si sarebbe costruito tutto intorno. Poi le cose sono cambiate, anche perché all'apertura del cantiere abbiamo scoperto che il musizi era gravemente malato, e sarebbe presto morto.

(RP) Just think of the big tree that was on the site, a wonderful musizi thirty meters high. So beautiful that it impressed us. In the first project we imagined a beautiful tree at the center of the courtyard with the hospital built all around it. Then things changed, because when building work began we discovered that the musizi was seriously ill, and would soon die.

(GG) Mi ricordo bene la ricerca della pianta "perfetta" per il centro della corte. Con Marcello Cospite di Emergency abbiamo passato una giornata intera a cercare per Entebbe un esemplare adatto. L'avevamo anche trovato, ma era troppo rischioso trapiantarlo, rischiavamo di danneggiarlo. Anche in questa circostanza ha vinto la pratica sulla teoria. Siccome in Uganda non esistono vivai, era impossibile procedere in modo tradizionale. E allora ci siamo ingegnati, facendo un vivaio in cantiere, usando la tecnica dell'air-pot. Ci siamo organizzati: iuta, rete metallica, la terra più fertile, quella che si trova vicino al lago, e abbiamo messo a dimora 400 piante. Oltretutto di specie pochissimo conosciute in Europa. Franco Giorgetta, l'architetto paesaggista che ha curato il progetto, si è trovato a disegnare il landscape avendo poche informazioni sulle caratteristiche delle piante locali. Ma questo progetto va avanti con piglio garibaldino, non si ferma di fronte a nulla. Il risultato è che oggi al centro della corte non c'è più un albero, ce ne sono 25. E ora ci avviciniamo alla fine di questa avventura. Emergency non inaugura un semplice edificio, ma un ospedale. Il progetto per loro sarà finito quando svolgerà la funzione per cui è nato: curare. Quindi quando ci saranno dentro i medici, e soprattutto i pazienti. Trovo sia una cosa bellissima. Fino a quando non cura, è solo un semplice edificio. Alla fine del cantiere ci saranno questi tre, quattro mesi di set up. All'inizio saranno medici internazionali, ma progressivamente, in parallelo con la formazione, aumenteranno medici e paramedici ugandesi. C'è un altro aspetto che mi ha colpito: l'aver previsto nella distribuzione una guest house per i genitori dei bambini ricoverati; fa parte dell'idea di ospedale modello. Quando il paziente è stato operato ed è fuori pericolo, ma non è ancora in condizioni di essere dimesso, viene affidato a loro. Ovviamente sto parlando di bambini che non hanno più necessità di uno stretto controllo medicale.

(GG) I clearly remember the search for the perfect plant for the center of the courtyard. With Marcello Cospite from Emergency we spent a whole day looking for a suitable specimen for Entebbe. We found it, but it was too risky to transplant it, we would have risked damaging it. Here again practice won over theory. Since there are no nurseries in Uganda, it was impossible to go about this in the traditional way. And so we did our best, creating a nursery on site, using the air-pot technique. We got organized: jute, wire mesh, the most fertile soil, near the lake, and we planted 400 plants. Species very little known in Europe. Franco Giorgetta, the landscape architect who oversaw the project, found himself designing the landscape with little information about the properties of local plants. But this project goes ahead in a Garibaldian spirit. It stops at nothing. The result is that today at the center of the court there is no longer one tree, there are 25 of them. And now we're approaching the end of this adventure. Emergency is not about to inaugurate a simple building, but a hospital. For them the project will be finished when it fulfills the function for which it was born: healing. So when the doctors, and especially the patients, move into it. I find this beautiful. Until it heals, it's just a simple building. At the end of the work there will be these three, four months of set up. At first the hospital will have doctors from abroad, but progressively, as the training gets under way, the number of Ugandan doctors and paramedics will grow. There's another point that struck me. The guest house that has been included for the parents of children staying in the hospital. It's part of the idea of a model hospital. When patients have been operated on and are out of danger, but not yet ready for discharge, they are placed in their parents' care. Obviously I mean children who no longer need close medical supervision.

(RP) Anche questa è un'idea che viene da lontano. Dagli studi per un nuovo modello ospedaliero iniziati vent'anni fa. Prevedeva due tipi di assistenza: la intensive care all'interno dell'ospedale e la low care da distribuire fuori, garantendo naturalmente tutta l'assistenza necessaria al malato.

Questo concetto è fondamentale, ed è quello che, nato allora, ha alimentato le riflessioni sul tema in Italia, e ci guida oggi nel progettare l'ospedale sperimentale in Grecia a Komotini, Sparta e Tessalonica.

Per progettare questo ospedale di Emergency era naturale muoversi nella stessa direzione. Non è solo eccellenza medica in termini igienici, di macchine, di sistemi asettici, lo è anche dal punto di vista della flessibilità dell'utenza. Come spesso accade, abbiamo scoperto di dire la stessa cosa solo dopo averla detta.

O forse, per usare le parole di Gino, abbiamo messo in opera l'idea di eccellenza come forma di resistenza. Non ideologica, ma pratica, concreta e umana.

Renzo Piano

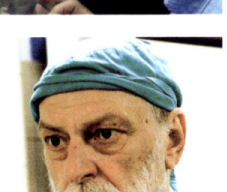

(RP) This too is an idea that comes from afar. From the studies for a new model hospital I started twenty years ago. It provided two types of assistance: intensive care inside the hospital and low care administered outside, naturally ensuring the patient received all the assistance needed.

This concept is fundamental. Born then, it has fostered reflection on the subject in Italy and guides us today in designing the experimental hospital in Greece at Komotini, Sparta and Thessalonica.

To design this Emergency hospital it was natural to work along the same lines. It's not just medical excellence in terms of hygiene, machines, aseptic systems. It's also excellent in terms of user flexibility. As is often the case, we only discovered we were saying the same thing after we said it. Or perhaps, to use Gino's words, we have fulfilled the idea of excellence as a form of resistance. Not ideological, but practical, concrete and human.

2013-2020

**Children's Surgical Hospital
Entebbe, Uganda**

Client
Emergency

Renzo Piano Building Workshop
&
Studio TAMassociati, architects

Design team
G.Grandi (partner in charge), P.Carrera,
A.Peschiera, D.Piano,
Z.Sawaya and D. Ardant; F.Cappellini, I.Corsaro,
D.Lange, F.Terranova (models)

TAMassociati
R.Pantaleo, M.Lepore, S.Sfriso, V.Milan,
L.Candelpergher, M.Gerardi with Emergency
Technical Division

Consultants
Milan Ingegneria (structure);
Prisma Engineering (MEP);
Studio Giorgetta (landscaping);
GAE Engineering (fire consultant)

Emergency
Entebbe, Uganda

Centro di Chirurgia Pediatrica
Children's Surgical Hospital

Concezione della collana editoriale/ Conception of the book series

Lia Piano
Franco Origoni
Giorgio Bianchi
Milly Rossato Piano
Stefania Canta

Si ringraziano/ Special thanks to

Simonetta Gola Strada, Direttore della Comunicazione Emergency
Franco Giorgetta, Architetto Paesaggista
Elisa Portigliatti, Sport Line Corporate Product Manager Mapei SpA

© Fondazione Renzo Piano

Editore
Fondazione Renzo Piano

Tutti i diritti sono riservati. Nessuna parte di questo libro può essere riprodotta, riutilizzata o trasferita in alcuna forma o mezzo (elettronico, elettrostatico, meccanico, registrazione su nastro, copia fotostatica, trascrizione o altro) senza il permesso dell'editore.

All right reserved. No part of this publication may be reproduced, stored in a retrieval system or transmitted, in any form or by any means, electronic, mechanical, photocopying, recording or otherwise, without the prior permission of Fondazione Renzo Piano.

Volume a cura di / Book edited by

Lia Piano

Concezione e realizzazione del volume Book conception and realization

Lia Piano e Elena Spadavecchia
con / with
Franco Origoni

Con la partecipazione With the partecipation

Renzo Piano Building Workshop:
Giorgio Grandi
Stefania Canta
E / and
Antonio Porcile
Linda Zunino

Fondazione Renzo Piano

Giovanna Giusto
Giovanna Langasco
Nicoletta Durante
Anna Sansa

Progetto grafico e impaginazione / Layout

Origoni Steiner, Architetti Associati
Franco Origoni e Anna Steiner
con / with
Virginia Serrazanetti
e
Eleonora Maggioni
Carlotta Origoni

Traduzione / Translation

Richard Sadleir

Stampa / Print

Grafiche Antiga

Crediti Fotografici / Photoscredits

Drawings and sketches
Renzo Piano
Renzo Piano Building Workshop
Studio Giorgetta

Photos

© Emmanuel Museruka - Malaika Media
© Will Boase
And
© Archivio Emergency
© Archivio Emergency, ph. Marcello Bonfanti
© CRAterre
© CRAterre, ph. Thierry Joffroy
© CRAterre, ph. Daniel Duchert
© Emergency ONG onlus
© Emergency NGO Technical department
© Google Earth 2021
© Renzo Piano Building Workshop
© Renzo Piano Building Workshop, ph. Giorgio Grandi
© Renzo Piano Building Workshop, ph. Maurizio Milan
© Renzo Piano Building Workshop, ph. Shunji Ishida
© Renzo Piano Building Workshop, ph. Stefano Goldberg / PUBLIFOTO Genova
© Courtnay Robbins
© TAMassociati

Cover

Schizzo di Renzo Piano
Renzo Piano's sketch

Photo

© Emmanuel Museruka - Malaika Media
© Will Boase
© Andrea Basso (for the Renzo Piano World Tour 2019)

Special thanks to:

The construction of this Hospital has been supported by:

Sergio Lorenzoni
and Eleonora Zanettin

Giuliana and Felice
Jacobellis

With the contribution of:

Franco Callegari and Gianfranca Moiraghi
Gian Piero and Lucia De Andreis
Ducceschi, Piazza and Sacchini Families
Cathe Giffuni
Giovanna Ongaro
Anna and Mariangela Parolin
Angelo Pirola
Miriam Redaelli
Annalisa Serino

Questo libro è stato realizzato
con materiali inediti
recuperati grazie al lavoro
di catalogazione e classificazione
della Fondazione Renzo Piano.

This book has been made by using
unpublished material
found through the work of cataloguing
and classifying which belongs
to the Renzo Piano Foundation.

Il testo contenuto in questo volume
è la completa e fedele trascrizione
dell'intervista concessa da Renzo Piano
e Giorgio Grandi nel luglio 2019,
destinata agli archivi della Fondazione.

The text in this volume is the complete
and faithful transcription of the interview
Renzo Piano and Giorgio Grandi gave
in July 2019 for the archive
of the Foundation.

Nella stessa collana
In the same series

**The Menil Collection
Fondation Beyeler
Centre Culturel Jean Marie Tjibaou
California Academy of Sciences
The Shard
Ronchamp Monastery
Whitney Museum of American Art
Stavros Niarchos Foundation Cultural Center
Centre Pompidou
Centro Botín
Il Ponte
Children's Hospital**